THE
GOSPEL OF SAINT LUKE
IN ANGLO-SAXON

J. W. BRIGHT

THE
GOSPEL OF SAINT LUKE

IN

ANGLO-SAXON

𝔈𝔡𝔦𝔱𝔢𝔡 𝔣𝔯𝔬𝔪 𝔱𝔥𝔢 𝔐𝔞𝔫𝔲𝔰𝔠𝔯𝔦𝔭𝔱𝔰

WITH AN INTRODUCTION, NOTES, AND A GLOSSARY

BY

JAMES W. BRIGHT, PH.D.
·ASSOCIATE PROFESSOR OF ENGLISH PHILOLOGY IN THE
JOHNS HOPKINS UNIVERSITY

'Sē mæssepreōst sceal sęcgan, sunnandagum and mæssedagum, þæs
godspelles angyt on Englisc þām folce.'
The Canons of Ælfric

Wipf & Stock
PUBLISHERS
Eugene, Oregon

Wipf and Stock Publishers
199 W 8th Ave, Suite 3
Eugene, OR 97401

The Gospel of Saint Luke in Anglo-Saxon
Edited by Bright, James W.
ISBN: 1-59752-458-1
Publication date 2/16/2006
Previously published by Oxford University Press, 1893

PREFACE

AFTER a collation of the manuscripts, and an initial survey of the material for a critical edition of the Anglo-Saxon Gospels had been made, the Delegates of the Clarendon Press suggested the plan of putting forth in advance, with as little as possible of critical apparatus, a separate edition of one of these Gospels. This edition of St. Luke's Gospel is accordingly offered in response to an increasing demand for Anglo-Saxon texts adapted to instruction in the schools,—a demand that has been felt to be especially directed to the Gospels.

This earliest extant English version of the Gospels, of which a portion is given in this little volume, possesses a unique interest for the student of the early forms of the language; moreover, for the history of biblical translations, it has a value that deserves wider and more precise recognition. The closer study of one of these Gospels will soon make manifest the character and the degree of this two-fold interest. The linguistic student will find it important to keep in mind that he has here to do with a translation influenced in vocabulary and in idiom by a more or less conservative adherence to the original; constant reference to the Latin text will alone secure the proper appreciation of the translator's method. The biblical student, on the other hand, will be inclined to pursue the investigation of the particular type of the Latin MS. underlying this version, along and far beyond the hints conveyed in the Notes.

The text follows the Corpus MS., without any deviation not indicated in the variants; while the additional variants, selected upon a plan that could not be carried out with absolute consistency, will give a fairly accurate notion of the other MSS. Restraint in introducing emendations[1] into the text will, it is hoped, stimulate independent scrutiny of the characteristic features of the version; and the range of the selected Notes will perhaps be excused in view of the elementary purpose which this volume is primarily intended to serve. The accepted divisions of chapter and verse, which are, of course, subsequent to the age of the MSS., have been observed, although critical purposes would require the retention of the original paragraphing. The scribal contractions are not indicated, and modern punctuation and use of capitals are employed; so, too, the stray accents of the MS. have been removed to give place to a uniform system of marking the theoretic quantity of the vowels. The Corpus MS. having no rubrics, these have been taken from MS. A.

A discussion of the relation of this version to the principal Vulgate MSS. is withheld from the present

[1] Conjectural readings are indicated by italics, except insertions, which are bracketed.

PREFACE. vii

Introduction; this question will be appropriately treated in connection with the entire text, and after Wordsworth's critical edition of the Vulgate[1] has been completed for the Gospels.

Before sending the Notes to the press, it was my pleasant privilege to visit the Palace at Salisbury, and to be accorded the use of the advanced sheets of the Bishop's Vulgate St. Luke. The generous assistance of the associate editor of *The Oxford Vulgate*, the Rev. H. J. White, who has also kindly read the Notes in proof, made it possible in this short visit to obviate, in large measure, the disadvantage of this precedence in time of publication.

For the chief portion of my collation of MS. B, I am indebted to Dr. Frank G. Hubbard, now of the University of Wisconsin. The first draft of the Glossary was prepared by Dr. Morgan Callaway, junr., of the University of Texas,—a service requiring a skilful hand and a generous heart. To these my former pupils I return thanks that are deepened by the recollection of past relations.

JAMES W. BRIGHT.

September 1, 1892.

---

[1] *Nouum Testamentum Domini Nostri Iesu Christi Latine*, secundum editionem Sancti Hieronymi, ad codicum manuscriptorum fidem recensuit IOHANNES WORDSWORTH, S.T.P., Episcopus Sarisburiensis, in operis societatem adsumto HENRICO IULIANO WHITE, A.M., Societatis S. Andreae, Collegii Theologici Sarisburiensis Uice-Principali. *Oxonii*, 1889 f.

CONTENTS

	PAGE
PREFACE	v
INTRODUCTION	xi
1. The Anglo-Saxon Version of the Gospels	xi
2. The Manuscripts	xii
3. The Interrelation of the Manuscripts	xiv
4. The Printed Editions	xvi
TEXT	1
NOTES	109
GLOSSARY	121

INTRODUCTION

1. THE ANGLO-SAXON VERSION OF THE GOSPELS.

THE purpose and scope of the present Introduction exclude an account of the traditions relating to vernacular Scriptures from Bede to Ælfric. Most of these traditions can be either wholly set aside or corrected by sifting the uncritical records of the early chroniclers, and by distinguishing merely glossed manuscripts from versions or translations. However, in the case of the well-known letter of Cuthbert to Cuthwine[1], we doubtless have a bit of trustworthy evidence connected with the Gospels. In this tender and pathetic account of Bede's death, one of his own pupils relates to a fellow-scholar how their venerable master employed his dying hours in completing a vernacular translation of the Gospel of St. John. Unfortunately nothing more is known of this translation, nor is there any ground for supposing that any book of the New Testament was again translated into the language of the people, until the only extant Anglo-Saxon version of the four Gospels was prepared within the last quarter of the tenth century.

We possess, therefore, but one Anglo-Saxon version of the four Gospels, besides which no other New Testament translations fall within this first period of the English

[1] *Epistola de transitu Bedae, et eius conversatione: Symeonis Monachi opera omnia*, ed. by Thomas Arnold, London (Rolls Series), 1882–1885, vol. i. pp. 43–46.

language. This version is in that form of the language now designated the Late West-Saxon dialect, which prevailed as the literary language in the days of Ælfric. There is no clue to the authorship of this version, nor has the place been determined where it was prepared; there is something in the external evidence of the MSS. in favour of the conjecture that it is to be located at or near Bath, and this conjecture is supported by the Western character of inflectional endings in the Corpus MS.

2. THE MANUSCRIPTS[1].

The Anglo-Saxon version of the Gospels is preserved in the following manuscripts:—

1. (Corp.). MS. CXL (formerly S. 4) in the Library of Corpus Christi College, Cambridge. There are indications that this MS. was prepared in the monastery at Bath: it contains a number of legal documents which are connected with Bath, and the scribe, named Ælfric, has placed the following note at the end of St. Matthew's Gospel: *Ego Ælfricus scripsi hunc librum in Monasterio Baðponio et dedi Brihtwoldo preposito*, 'I, Ælfric, wrote this book in the monastery at Bath, and gave it to Brihtwold the prior.' The date of this copy may be placed between the years 990 and 1006, or, as Prof. Skeat prefers to state it, in round numbers, about the year 1000. This is the best of the early copies, and is therefore to be preferred as a basis for a printed text, although in inflectional endings it has a strongly marked local character.

2. (B). MS. Bodley 441 (formerly NE. F. 3. 15) in the Bodleian Library, Oxford. This copy was probably made about the same time as the Corpus, but not by the same scribe. Its locality has not been determined. In the

---

[1] Fuller details relating to the MSS. than can be given here will be found in Professor Skeat's edition of the Anglo-Saxon Gospels. Acknowledgment is also here made to Professor Skeat for many other details contained in this Introduction.

THE MANUSCRIPTS. xiii

sixteenth century it came into the hands of Archbishop Parker, and it was doubtless under his direction that the twelve new parchment leaves were inserted which restore the losses it had sustained. These new pages were copied, in imitation of the old writing, from the Corpus MS. The restorer also inserted a number of the rubrics from MS. A.

3. (C). MS. Cotton Otho C. 1, in the British Museum. The age of this MS. must agree closely with that of the preceding two. A charter inserted between the Gospels of St. Luke and St. John relates to Malmesbury in Wiltshire, and may be taken as an indication of its original locality. This MS. was seriously injured in the fire of 1731; the Gospel of St. Matthew is now entirely wanting (before the fire the portion preceding Mat. 27. 6 had already been lost) and St. Mark is very fragmentary; one entire leaf of St. Luke (24. 7 to 29) and two of St. John (19. 27 to 20. 22) are wanting, otherwise these two Gospels are but slightly injured. It may also be noted that the scribe has revealed his name in a note at the end of St. John: **wulfwi me wrat** (not **wulfri**, as Prof. Skeat reports it), 'Wulfwi me wrote.'

4. (A). MS. Ii. 2. 11 in the Cambridge University Library. This copy is believed to be a half century later than the preceding three; Skeat dates it about 1050. It is assigned to the locality of Exeter, for it had been presented to the Church of St. Peter the Apostle in Exeter by Bishop Leofric ('bishop of Devonshire and Cornwall from about 1046 to 1073'). 'In 1566, it was given by Gregory Dodde, dean of Exeter, with the consent of his brethren, to Matthew Parker, Archbishop of Canterbury, who afterwards gave it to the University of Cambridge in 1574' (Skeat). This MS. contains the Anglo-Saxon rubrics. In orthography, particularly of the inflectional endings, it conforms closely to the normal West-Saxon type, but it is marred, on the other hand, by an excessive use of *y* in the primary syllables.

5. (L). The Lakeland fragment, in the Bodleian Library, Oxford. At the recent sale of the library of W. H. Craw-

ford, Esq. (Lakelands, Co. Cork), the Bodleian Library acquired a miscellaneous volume which was afterwards found to contain a fragment of the Anglo-Saxon version of the Gospels. The fragment consists of four leaves, once 'us'd as the Cover to a Court Book at Flixton Hall in Suffolk,' and therefore slightly damaged at the edges, containing eight pages of the Gospel of St. John (2. 6 to 3. 34 ; and 6. 19 to 7. 10). Professor A. Napier has published this fragment in *Archiv f. n. Sprachen*, vol. lxxxvii, pp. 255-261 ; he assigns it to the first half of the eleventh century, and shows that it is closely related to MS. A.

Two additional copies of this version remain to be mentioned :

6. (Royal). MS. Bibl. Reg. 1. A. xiv, of the Royal Library in the British Museum, and

7. (Hatton). MS. Hatton 38 (formerly 65) in the Bodleian Library, Oxford. These are late copies, made in the twelfth century (the Royal probably in the reign of Stephen, and the Hatton in the following reign of Henry II) in the Kentish district. They have no critical value for the text, the Royal being merely a modernised copy of B, and the Hatton a further modernisation of the Royal. The linguistic character of these copies has been investigated by Max Reimann: *Die Sprache der mittelkentischen Evangelien*, Berlin, 1883.

3. THE INTERRELATION OF THE MANUSCRIPTS.

From the preceding description of the manuscripts it may be gathered that these are all copies standing in more or less close relation to the original of the version. Each MS. bears unmistakable marks of transcription, and it is equally certain that among the four existing early copies (Corp., B, C, and A), no one has been directly copied from another. There is, however, a relationship between these MSS. which unites Corp., B and C, over against A (with L, which is also not copied from A) ; and a closer relationship unites B and C, over against Corp. An exact study

THE MANUSCRIPTS.

of all the indications of the variants, which cannot be entered upon here, would doubtless reveal more exact details of the interrelation of these copies. There is, for example, a significance in a set of agreements between B, C, and A; and in another between Corp. and A.

For the present purpose it is sufficient to observe that the Corpus copy stands, in all probability, very close both in time and in character to the original. Next to Corp., and contemporaneous with it, are B and C, which may be called duplicates; they have most in common, and were apparently derived from the same intermediate copy that links them on one side with Corp., and on the other with A. A third branch of transmission, extending to a later date, is represented by A and the fragment L.

It has already been said that MS. B, in its present state, contains twelve new parchment leaves, which were inserted in the sixteenth century, under the direction of Archbishop Parker [1], to restore it to completeness. From these original *lacunae* Professor Skeat has proved that the Royal MS. was transcribed directly from B; and the Hatton from the Royal. The whole matter deserves restatement, particularly as there are significant details to be added to Professor Skeat's observations. The new pages in MS. B occur as follows: six continuous leaves (fols. 57-62) contain Mark 1. 1 to 4. 37 (ending with þæt scyp þæt); one leaf (fol. 90) contains Mark 16. 14 to the end of the Gospel; one leaf

---

[1] The following passage occurs in Strype's *Life of Archbishop Parker* (1711), p. 534 f.: 'And whereas it [MS. B] was defective in several Places, and many Leaves gone, those defects are restored and supplied in a modern Hand by the Commandment of our Archbishop, as is very probable, it being his great Endeavour, by the Help of perfect Copies, to make up the Wants of others.' And again, *ib.* p. 529: 'And he [Archbishop Parker] kept such in his Family as could imitate any of the old Characters admirably well. One of these was *Lyly,* an excellent Writer, and that could counterfeit any antique Writing. Him the Archbishop customarily used to make old Books compleat that wanted some Pages, that the Character might seem to be the same throughout.'

(fol. 131) contains Luke 16. 14 (beginning with ðing) to 17. 1 (ending with **leorningcnihtum**); one leaf (fol. 150) contains Luke 24. 51 (beginning with **geworden**) to the end of the Gospel; three continuous leaves (fols. 192-194) contain John 20. 9 (beginning with **hali**) to the end of the Gospel. Now at the time the Royal MS. was copied, B had sustained only a part of its losses. This condition of B may be denoted by B¹, which lacked the ends of the Gospels Mark and Luke, as given above, the end of John, namely the latter portion of the last verse (beginning with **-writene**), and Luke 16. 14 to 17. 1. These portions were therefore originally wanting in the Royal MS. At a later period B, or as it may be designated, B², sustained the further loss of the two long passages of Mark 1. 1 to 4. 37 and John 20. 9 to the middle point of the last verse of the Gospel, for these passages were never wanting in the Royal MS. In accordance with the above designation, B³ may denote MS. B in its present restored condition. Finally, when the Hatton scribe came to make his copy from the Royal MS. he discovered at least three of its *lacunae*, namely those at the ends of the Gospels, and supplied them in his own hand and by his own translation from the Latin. It is possible that he did not observe the lack of the longer passage at Luke 16. 14 f., or that observing it, he refrained from translating so long a passage. These verses (Luke 16. 14 to 17. 1) are now on a new leaf in the Hatton MS., doubtless inserted by the Archbishop's skilful restorer.

4. THE PRINTED EDITIONS.

1. The first printed edition of these Gospels is a small quarto volume bearing the following title : —

THE GOSPELS OF THE FOWER EUANGELISTES translated in the olde Saxons tyme out of Latin into the vulgare toung of the Saxons, newly collected out of Auncient Monumentes of the sayd Saxons and now published for testimonie of the same. AT LONDON. Printed by John Daye dwelling ouer

Aldersgate. 1571. Cum Priuilegio Regiae Maiestatis per Decennium.

The Preface is signed by John Foxe, the martyrologist, and is addressed

'TO THE MOST VERTUOUS, and noble Princesse, Queene Elizabeth, by the Grace of God, Queene of England, Fraunce, and Irelend, defender of the Fayth, etc.'

In this Preface Foxe discourses upon the theme implied on the title-page, namely, the testimony of antiquity in favour of the Scriptures in the 'vulgar tounge.' It does not appear what further share Foxe may have had in the volume, which was obviously prepared under the direction of Archbishop Parker. The text is a more or less faithful impression of MS. B, with some slight use of MS. A, from which the rubrics are also taken. There is an English text in the margin which is 'chiefly from the Bishop's Translation only here and there accorded to the Saxon [1].'

2. These Gospels were next published in a volume of which the title-page runs as follows:

QUATUOR D. N. JESU CHRISTI EUANGELIORUM Versiones perantiquæ duæ, GOTHICA scil. et ANGLO-SAXONICA: Quarum illam ex celeberrimo Codice Argenteo nunc primùm depromsit FRANCISCUS JUNIUS F. F. Hanc autem ex Codicibus MSS. collatis emendatiùs recudi curavit THOMAS MARESCHALLUS, *Anglus: Cujus etiam* OBSERVATIONES *in utramque Versionem* subnectuntur. Accessit & GLOSSARIUM GOTHICUM: *cui præmittitur* ALPHABETUM Gothicum, Runicum, &c. operâ ejusdem Francisci Junii. DORDRECHTI, Typis & sumptibus *Junianis.* Excudebant Henricus & Joannes Essæi, Urbis Typographi Ordinarii. 1665 [2].

---

[1] Ames and Herbert, *Typographical Antiquities*, London, 1785, vol. i. p. 650.
[2] Some years later a number of copies of this work were put forth with a new title-page (the first 4to sheet being in different type), with the imprint: AMSTELÆDAMI. Veneunt apud JANSSONIO-WAESBERGIOS, A⁰ 1684.

This edition represents a noteworthy attempt to treat the Anglo-Saxon text critically. Junius collated the preceding edition of 1571 not only with MS. B, upon which it was based, but also with MSS. Corp., A, Hatton, the Durham Book and the Rushworth Gloss. With this material Marshall (Rector of Lincoln College, Oxford) prepared the text, retaining MS. B as the basis. Many of his emendations are good, though he errs in sometimes adopting a reading from the Glosses, as well as in his estimation of the Hatton MS. Marshall's notes contain many discriminating observations upon the version, and the relation of its readings with Latin texts, particularly with the Codex Bezae. He has also added observations upon the rubrics.

3. The third edition is by Benjamin Thorpe :

Ða Halgan Godspel on Englisc. The Anglo-Saxon Version of the Holy Gospels. Edited from the original manuscripts. London, 1842.

This edition was reprinted by Louis F. Klipstein: New York, George P. Putnam, 1848; and from it Professor Hiram Corson introduced St. John's Gospel into his *Hand-Book of Anglo-Saxon and Early English*, New York, Holt and Williams, 1871.

Thorpe bases his text on MS. A, and makes some use of MSS. B and C; his remarks about the MSS. are inaccurate, and his edition has less critical value than that of Marshall.

4. This version was next taken up in Bosworth and Waring's parallel Gospels:

THE GOTHIC AND ANGLO-SAXON GOSPELS in parallel columns with the versions of Wycliffe and Tyndale ; arranged, with Preface and Notes, by THE REV. JOSEPH BOSWORTH, D.D., F.R.S., F.S.A., assisted by GEORGE WARING, Esq., M.A. London, 1865.

Bosworth takes his text from the Corpus MS., and in so far marks an advance upon the work of the preceding editors; the critical value of his edition is, however, impaired by the modification of the orthography in accordance with MS. A, and by the lack of apparatus to indicate the construction of the text and the variant readings.

5. This version was last published in a work 'designed and partly executed' by John M. Kemble, Esq., M.A., of Trinity College, Cambridge, after whose death in 1857, the Gospel of St. Matthew was completed and published by the Rev. C. Hardwick (Cambridge University Press, 1858). After the lapse of some years this undertaking was resumed by Professor Skeat, who published, according to the main features of the original plan of the work, the Gospel of St. Mark in 1871 : St. Luke in 1874; St. John in 1878 ; and finally a revision of Kemble and Hardwick's St. Matthew in 1887. The completed work is now bound up in one volume with the title :

THE HOLY GOSPELS in Anglo-Saxon, Northumbrian, and Old Mercian versions, synoptically arranged, with collations exhibiting all the readings of all the MSS. ; together with the early Latin version as contained in the Lindisfarne MS., collated with the Latin version in the Rushworth MS. BY THE REV. WALTER W. SKEAT, Litt.D., LL.D. Cambridge, At the University Press, 1871-1887.

The wide scope of this important work, executed throughout with admirable accuracy, may be inferred from the above title. The version of the Gospels is here given in a manner to represent completely all the MSS. An exact impression of the Corpus text is accompanied by the complete variants for MSS. B, C, and A ; in like manner for the later copies, the Hatton text is printed in full and to this are subjoined the readings of the Royal MS. Professor Skeat has thus supplied the scholar with the complete material for the independent study of these MSS. ; he has also in Introductions and Notes contributed much to the determination of the most important questions connected with them.

INCIPIT EUANGELIUM SECUNDUM
LUCAM[1].

Hēr ongin[neð] Lūcās bōc ðæs hālgan godspelleres[2].

CHAPTER I.

Ðis godspel gebyrað on middesumeres mæsseǣfen[3].

1. FOR þām ðe witodlīce manega þōhton þāra þinga race geęndebyrdan þe on ūs gefyllede synt,

2. swā ūs betǣhtun ðā þe hyt of frymðe gesāwon and þǣre sprǣce þēnas wǣron,

3. mē geþūhte, geornlīce eallum [fram fruman gefylgdum], *on* ęndebyrdnesse wrītan þē, þū sē sęlusta Theophilus,

4. þæt ðū oncnāwe þāra worda sōþfæstnesse of ðām ðe þū gelǣred eart.

5. On Hērōdes dagum Iūdēa cyninges, wæs sum sācerd on naman Zacharīas, of Abīan *gewrixle*, and his wīf wæs of Aarōnes dohtrum, and hyre nama wæs Ēlizabēth.

6. Sōðlīce hig wǣron būtū rihtwīse beforan Gode, gan-

---

[1] A, B.   [2] C.   [3] A, B (*The rubrics will hereafter be given as they occur in* A).

CHAP. I. 1. A, raca. 3. A, eornlice; MSS. eallum oð endebyrdnesse; A, þu ðe seleste.   5. MSS. tūne (*for* gewrixle).
6. A, *om.* Soðlice.

gende on eallum his bebodum and rihtwīsnessum būtan wrōhte.

7. And hig næfdon nān bearn, for ðām ðe Elizabēth wæs unberende, and hȳ on heora dagum būtū forðēodon.

8. Sōðlīce wæs geworden þā Zacharīas his sācerdhādes brēac on hys gewrīxles endebyrdnesse beforan Gode,

9. æfter gewunan ðæs sācerdhādes hlotes, hē ēode þæt hē hys offrunga sette, ðā hē on Godes tempel ēode;

10. eall werod þæs folces wæs ūte gebiddende on þǣre offrunga tīman.

11. Ðā ætȳwde him Drihtnes engel standende on þæs wēofodes swȳðran healfe.

12. Ðā wearð Zacharīas gedrēfed þæt gesēonde, and him ege on hrēas.

13. Ðā cwæð se engel him tō, Ne ondrǣd þū þē, Zacharīas, for þām þīn bēn ys gehȳred and þīn wīf Elizabēth þē sunu cenð, and þū nemst hys naman Iōhannes.

14. And hē byð þē tō gefēan and tō blisse, and manega on his ācennednysse gefagniað.

15. Sōðlīce hē byð mǣre beforan Drihtne, and hē nē drincð wīn nē bēor, and hē byð gefylled on hāligum gāste þonne gȳt of hys mōdor innoðe.

16. And manega Israhēla bearna hē gecyrð tō Drihtne hyra Gode.

17. And hē gǣð tōforan him on gāste and Elīas mihte, þæt hē fædera heortan tō heora bearnum gecyrre, and ungelēaffulle tō rihtwīsra glēawscype; Drihtne fullfremed folc gegearwian.

18. Ðā cwæð Zacharīas tō þām engele, Hwanun wāt

---

7. A, *om.* ðe. 8. Corp., sacerdes hades. 9, 10. A, offrunge. 14. A, gefahniað. 17. A, gegearwyan. 18. A, hwanen.

ic þis? ic eom nū eald, and mīn wīf on hyre dagum forðēode.

19. Ðā andswarode him sē ęngel, Ic eom Gabriēl, ic þe stande beforan Gode; and ic eom āsęnd wið þē sprecan and þē ðis bodian.

20. And nū þū byst suwiende, and þū sprecan ne miht oð þone dæg þe ðās ðing gewurðaþ, for þām þū mīnum wordum ne gelȳfdest, þā bēoð on hyra tīman gefyllede.

21. And þæt folc wæs Zacharīam geanbīdiende, and wundrodon þæt hē on þām temple læt wæs.

22. Ðā hē ūt ēode ne mihte hē him tō sprecan: and hig oncnēowon þæt hē on þām temple sume *gesihðe* geseah; and hē wæs bīcniende him, and dumb þurhwunede.

23. Ðā wæs geworden þā his þēnunga dagas gefyllede wǣron, hē fērde tō his hūse.

24. Sōðlīce æfter dagum Ēlizabēth his wīf geēacnode; and hēo bedīglude hig fīf mōnþas, and cwæþ,

25. Sōðlīce mē Drihten gedyde þus on þām dagum þe hē geseah mīnne hosp betwux mannum āfyrran.

Ðis [godspel] sceal on wōdnesdæg tō þām ymbrene ǣr *middanwintra.*

26. Sōþlīce on þām syxtan mōnðe wæs āsęnd Gabriēl sē ęngel fram Drihtne on Galilēa ceastre, þǣre nama wæs Nāzareth,

27. tō bewęddudre fǣmnan ānum were, þæs nama wæs Iōsēp, of Dāuides hūse; and þǣre fǣmnan nama wæs Marīa.

19. A, se engel him; ic stande.   20. B, C, suwigende, A, swygende.   21. A, geanbidigende and wundrigende.   22. Corp., B, C, gesihtðe, A, gesyhðe; A, hym bycnigende; Corp., A, dum.   25. Corp., betux; A, betweox.   Rubric, mydda wyntran.

28. Ða cwæþ sē ęngel in gangende, Hāl wes ðū mid gyfe gefylled, Drihten mid þē; þū eart geblētsud on wīfum.

29. Þā wearð hēo on his sprǣce gedrēfed, and þōhte hwæt sēo grēting wǣre.

30. Ða cwæð sē ęngel, Ne ondrǣd þū þē, Marīa; sōðlīce þū gyfe mid Gode gemēttest.

31. Sōðlīce nū þū on innoðe geēacnast, and sunu cęnst, and his naman Hǣlend genęmnest.

32. Sē byð mǣre, and þæs hēhstan sunu genęmned; and him sylþ Drihten God his fæder Dāuīdes setl;

33. and hē rīcsað on ēcnesse on Iācōbes hūse, and hys rīces ęnde ne byþ.

34. Ða cwæð Marīa tō þām ęngle, Hū gewyrð þis, for e ðām ic wer ne oncnāwe?

35. Ða andswarode hyre sē ęngel, Sē hālga gāst on þē becymþ, and þæs hēahstan miht þē ofersceadað, and for ðām þæt hālige ðe of þē ācęnned byð, byþ Godes sunu genęmned.

36. And nū Ēlizabēth þīn mǣge sunu on hyre ylde geēacnode, and þēs mōnað ys hyre sixta, sēo is unberende genęmned.

37. For þām nis ǣlc word mid Gode unmihtelīc.

38. Ða cwæþ Marīa, Hēr is Drihtnes þīnen, gewurþe mē æfter þīnum worde. And sē ęngel hyre fram gewāt.

Ðys [godspel] gebyrað on frīgedæg t·þām ylcan fæstene.

39. Sōþlīce on þām dagum ārās Marīa and fērde on muntland mid ofste on Iūdēisce ceastre,

---

30. A, Soðlice þu gemetst gife myd Gode. 31. A, ˙cennest. 34. Corp., B, C, were (*for* wer). 35. A, hehstan. 36. A, B, mage; Corp., B, C, þe (*for* þes); A, monoð *after* sixta; *marked for erasure.* 39. A, iudeiscre.

40. and ēode intō Zacharīas hūse and grētte Elizabēth.

41. Ðā wæs geworden þā Ēlizabēth gehȳrde Marīan grētinge, þā gefagnude þæt cild on hyre innoðe; and þā wearð Ēlizabēth hālegum gāste gefylled;

42. and hēo clypode micelre stefne and cwæþ, Ðū eart betwux wīfum geblētsod, and geblētsud ys þīnes innoðes wæstm.

43. And hwanun is mē ðis, þæt mīnes Drihtnes mōdor tō mē cume?

44. Sōna swā þīnre grētinge stefn on mīnum ēarum geworden wæs, þā fahnude mīn cild on mīnum innoþe.

45. And ēadig þū eart, ðū þe gelȳfdest þæt fulfręmede synd þā ðing þe ðē fram Drihtne gesǣde synd.

46. Ðā cwæð Marīa, Mīn sāwl mǣrsaþ Drihten,

47. and mīn gāst geblissude on Gode mīnum Hǣlende.

48. For ðām þe hē geseah hys þīnene ēadmōdnesse: sōðlīce heonun forð mē ēadige sęcgað ealle cnēoressa.

49. For ðām þe mē micele þing dyde sē ðe mihtig is; and hys nama ys hālig,

50. and hys mildheortnes of cnēoresse on cnēoresse hyne ondrǣdendum.

51. Hē worhte [mægen] on hys earme; hē tōdǣlde þā ofermōdan on mōde hyra heortan.

52. Hē āwearp þā rīcan of setle, and ðā ēaðmōdan ūp āhōf.

53. Hingriende hē mid gōdum gefylde, and ofermōde īdele forlēt.

54. Hē āfęng Israhēl hys cniht, and gemunde hys mildheortnesse.

40. Corp., B, C, grete. 43. A, hwanen; moder ys to me cumen. 44. A, fægnode. 48. A, heonon. 51. MSS., *om.* mægen. 53. A, Hyngrigende; fylde.

55. Swā hē spræc tō ūrum fæderum, Ābrahāme and hys sǣde on ā woruld.

Ðis [godspel] gebyraðon mydsumeres mæssedæg.

56. Sōþlīce Marīa wunude mid hyre swylce þrȳ mōnþas, and gewęnde þā tō hyre hūse.
57. Ðā wæs gefylled Ēlizabēthe cęnningtīd; and hēo sunu cęnde.
58. And hyre nēhhebūras and hyre cūðan þæt gehȳrdon þæt Drihten hys mildheortnesse mid hyre mǣrsude; and hig mid hyre blissodon.
59. Ðā on þām ehteoþan dæge hig cōmon þæt cild ymsnīþan, and nęmdon hyne hys fæder naman Zacharīam.
60. Ðā andswarode his mōdor, Nese sōþes, ac hē byð Iōhannes genęmned.
61. Ðā cwǣdon hig tō hyre, Nis nān on þīnre mǣgðe þȳssum naman genęmned.
62. Ðā bīcnodon hī tō hys fæder, hwæt hē wolde hine genęmnedne bēon.
63. Ðā wrāt hē gebedenum wexbrede, Iōhannes is hys nama: ðā wundrodon hig ealle.
64. Ðā wearð sōna hys mūð and hys tunge geopenod, and hē spræc, Drihten blētsiende.
65. Ðā wearð ęge geworden ofer ealle hyra nēhhebūras; and ofer ealle Iūdēa muntland wǣron þās word gewīdmǣrsode.
66. And ealle þā ðe hit gehȳrdon on heora heortan sęttun, and cwǣdon, Wēnstu hwæt byð þēs cnapa? Witodlīce Drihtenes hand wæs mid him.

55. A, fæder.   57. A, cenninge tyd.   58. Corp., B, C, nehcheburas.   59. A, ehtoðan; ymb-.   61. Corp., B, C, þyson. 62. A, þa bycnodon highis fæder.   65. Corp., B, C, nehcheburas. 66. A, wenst ðu.

67. And Zacharīas his fæder wæs mid hālegum gāste āfylled, and hē wītegode and cwæþ,

68. Geblētsud sī Drihten, Israhēla God, for þām þe hē geneōsode and his folces ālȳsednesse dyde.

69. And hē ūs hǣle horn ārǣrde on Dāuīdes hūse hys cnihteṡ.

70. Swā hē spræc þurh hys hālegra wītegena mūð, þā ðe of worldes frymðe sprǣcon,

71. And hē ālȳsde ūs of ūrum fēondum, and of ealra þāra handa þe ūs hatedon;

72. mildheortnesse tō wyrcenne mid ūrum fæderum, and gemunan his hālegan cȳþnesse;

73. hyne ūs tō syllenne þone āð þe hē ūrum fæder Ābrahāme swōr,

74. þæt wē, būtan ęge of ūre fēonda handa ālȳsede, him þēowian,

75. on hālignesse beforan him eallum ūrum dagum.

76. And þū, cnapa, byst þæs hēhstan wītega genęmned; þū gǣst beforan Drihtnes ansȳne his wegas gearwian;

77. tō syllenne his folce hǣle gewit on hyra synna forgyfnesse,

78. þurh innoþas ūres Godes mildheortnesse on þām hē ūs geneōsode of ēastdǣle ūp springende,

79. onlīhtan þām þe on ðȳstrum and on dēaþes sceade sittað; ūre fēt tō geręccenne on sybbe weg.

80. Sōþlīce sē cnapa wēox, and wæs on gāste gestrangod; and wæs on wēstenum oþ þone dæg hys ætīwednessum on Israhēl.

67. A, B, C, gefylled.   70. Corp. (and A?), þa he of worldes (A, wuldres).   72. Corp., wyrcænne; A, wyrcanne.
73. A, syllanne.   76. A, wytegan; gegearwian.   77. Corp., B, C, *repeat* his *before* hæle.   79. A, gereccanne.

CHAPTER II.

Ðis [godspel] sceal on myddewyntres mæssenyht tō þǣre forman mæssan.

1. SŌÞLĪCE on þām dagum wæs geworden gebod fram þām cāsere Augusto, þæt eall ymbehwyrft wǣre tōmearcod.
2. Ðēos tōmearcodnes wæs ǣryst geworden fram þām dēman Syrige Cirīno.
3. And ealle hig ēodon and syndri[g]e fērdon on hyra ceastre.
4. Ðā fērde Iōsēp fram Galilēā of þǣre ceastre Nāzareth on Iūdēisce ceastre Dāuīdes, sēo is genęmned Bethleëm, for þām þe hē wæs of Dāuīdes hūse and hīrede;
5. þæt hē fērde mid Marīan þe him bewęddod wæs, and wæs geēacnod.
6. Sōþlīce wæs geworden þā hī þār wǣron, hire dagas wǣron gefyllede þæt hēo cęnde.
7. And hēo cęnde hyre frumcęnnedan sunu, and hine mid cildclāþum bewand, and hine on binne ālēde, for þām þe hig næfdon rūm on cumena hūse.
8. And hyrdas wǣron on þām ylcan rīce waciende, and nihtwæccan healdende ofer heora heorda.
9. Ðā stōd Drihtnes ęngel wiþ hig, and Godes beorhtnes him ymbescān, and hī him mycelum ęge ādrēdon.
10. And sē ęngel him tō cwæð, Nelle gē ēow ādrǣdan; sōþlīce nū ic ēow bodie mycelne gefēan, sē bið eallum folce;

CHAP. II. 2. A, syrie.   3. A, syndeɪlice.   6. Corp., solice.
8. C, nihtwæcan.   9. Corp., ymbescean; A, ondredon.   10. A, ondrædan.

11. for þām tō dæg ēow ys Hǣlend ācęnned, se is Drihten Crīst, on Dāuīdes ceastre.

12. And þis tācen ēow byð: Gē gemētað ān cild hræglum bewunden, and on binne āléd.

13. And þā wæs fǣringa geworden mid þām ęngle mycelnes heofonlīces weredes God hęriendra and þus cweþendra,

14. Gode sȳ wuldor on hēahnesse, and on eorðan sybb mannum gōdes willan.

15. And hit wæs geworden þā ðā ęnglas tō heofene fērdon, þā hyrdas him betwȳnan sprǣcon, and cwǣdon, Utun faran tō Bethleëm, and gesēon þæt word þe geworden is, þæt Drihten ūs ætȳwde.

16. And hig efstende cōmon, and gemētton Marīan and Iōsēp, and þæt cild on binne āléd.

17. Þā hī þæt gesāwon þā oncnēowon hig be þām worde þe him gesǣd wæs be þām cilde.

18. And ealle þā ðe gehȳrdon wundredon be þām þe him þā hyrdas sǣdon.

19. Marīa gehēold ealle þās word on hyre heortan smēagende.

20. Ðā gewęndon hām þā hyrdas, God wuldriende and hęriende on eallum þām ðe hī gehȳrdon and gesāwon, swā tō him gecweden wæs.

Ðis [godspel] sceal on þone ehtoðan mæssedæg to myddanwyntra.

21. Æfter þām þe ehta dagas gefyllede wǣron þæt ðæt cild *ymbsniden* wǣre, his nama wæs Hǣlend, sē wæs fram ęngle genęmned ǣr hē on innoðe geēacnod wǣre.

---

12. Corp., hreglum; A, on cild claþum.   13. Corp., B, C, werydes.   15. A, heofenum.   16. A, efestende.   21. Corp. (B), emsnyden; A. ymbsnyden.

22. And æfter þām þe hyre clǣnsunge dagas gefyllede wǣron æfter Moyses ǣ, hī lǣdon hyne on Hierusalem þæt hī hine Gode gesęttun,—

23. swā swā on Drihtnes ǣ āwriten is, þæt ǣlc wǣpned gecyndlim ontȳnende byð Drihtne hālig genęmned,—

24. And þæt hig offrunge sealdon æfter þām þe [on] Drihtnes ǣ gecweden is, Twā turtlan, oððe twēgen culfran briddas.

25. And þā wæs ān man on Hierusalem þæs nama wæs Simeon, and þēs man wæs rihtwīs and oþ Israhēla frōfor geanbīdiende; and Hālig Gāst him on wæs.

26. And hē andsware fram þām Hālegan Gāste onfēng; þæt hē dēað ne gesāwe būton hē ǣr Drihten Crīst gesāwe.

27. And on gāste hē on þæt tempel cōm, and þā his māgas lǣddon þone Hǣlend þæt hig for him æfter þǣrę ǣ gewunan dydon,

28. hē onfēng hine mid his handum, and God blētsode, and cwæð,

29. Drihten, nū þū lǣtst þīnne þēow, æfter þīnum worde, on sibbe;

30. for ðām mīne ēagan gesāwon þīne hǣle,

31. ðā þū geearwodest beforan ansȳne eallra folca;

32. lēoht tō þēoda āwrigenesse, and tō þīnes folces wuldre Israhēl.

Ðis [godspel] sceal on sunnandæg betweox myddewintres mæssedæge and twęlftan dǣge.

33. Ðā wæs his fæder and his mōdor wundriende be þām þe be him gesǣde wǣron.

23. A, gecynde lym. 25. A, *om.* oþ: C, rihtwis soð Israhela;
A, frofre; Corp., hali. 26. A, fram halgum. 28. A, and he.
31. A, earwodest.

34. And þā blētsude hig Sīmeon, and cwæþ tō Marīan his mēder, Lōca, nū þēs is on hryre and on ǣrȳst āsętt manegra on Israhēl, and on tācen þām ðe wiðcweden byð;

35. and his swurd þīne sāwle þurhfærð, þæt geþōhtas sȳn āwrigene of manegum heortum.

36. And Anna wæs wītegystre, Fanuēles dohtor of Asseres mǣgðe, þēos wunude manigne dæg, and hēo leofode mid hyre were seofon gēr of hyre fǣmnhāde;

37. and hēo wæs wudewe oð fēower and hundeahtatig gēara; sēo of þām temple ne gewāt, dæges and nihtes þēowigende on fæstenum and on hālsungum.

38. And þēos ðǣre tīde becumende Drihtne andette, and be him spræc eallum þām þe geanbīdedon Hierusalem ālȳsednesse.

39. And þā hī ealle þing gefyldon æfter Drihtnes ǣ, hī gehwurfon on Galilēam, on heora ceastre Nāzareth.

40. Sōðlice þæt cild wēox and wæs gestrangod, wīsdōmes full; and Godes gyfu wæs on him.

41. And his māgas fērdon ǣlce gēre tō Hierusalem on ēasterdæges frēolstīde.

42. And þā hē wæs twęlfwintre, hȳ fōron tō Hierusalem tō þām ēasterlīcan frēolse æfter hyra gewunan;

43. and gefylledum dagum, þā hig agēn gehwurfon, belāf sē Hǣlend on Hierusalem; and his māgas þæt nyston;

44. wēndon þæt hē on heora gefēre wǣre; þā cōmon hig ānes dæges fær, and hine sōhton betwux his māgas and his cūðan.

---

34. Corp., manega.   36. A, lyfede; gear.   41. A, geare.   42. Corp., B, C; þan (*for* þam).   43. A, ongean. 44. Corp., betux; A betweox.

45. Ðā hig hyne ne fundon, hig gewęndun tō Hierusalem hyne sēcende.

46. Ðā æfter þrīm dagum hig fundon hine on þām temple, sittende onmiddan þām lārēowum, hlystende and hī āhsiende.

47. Þā wundrodon hig ealle þe gehȳrdon be his glēawscipe and hys andswarum.

48. Ðā cwæþ his mōdor tō him, Sunu, hwī dydest þū unc ðus? þīn fæder and ic sārigende þē sōhton.

49. Ðā cwæþ hē tō him, Hwæt is þæt gyt mē sōhton? nyste gyt þæt mē gebyrað tō bēonne on þām ðingum ðe mīnes fæder synt?

50. Ðā ne ongēton hig þæt word þe hē tō him spræc.

51. Ðā fērde hē mid him, and cōm tō Nāzareth, and wæs him underþēod; and his mōdor gehēold ealle þās word on hyre heortan smēagende.

52. And sē Hǣlend þēah on wīsdōme and on ylde, and mid gyfe mid Gode and mid mannum.

CHAPTER III.

Ðis [godspel] gebyrað on sæterndæg tō ǣwfæstene ǣr myddanwyntra.

1. Sōðlīce þām fīftēoðan gēare þæs cāseres anwealdes Tiberii, begȳmendum þām Pontiscan Pīlāte Iudēa þēode, fēorðan dǣles rīca Galilēē Hērōde, Filippo his brēþer fēorðan dǣles rīca Itūrie and þæs rīces Tracōnitidis, and Lisania Abilīnē fēorðan dǣles rīca,

46. A, ācsigende.   49. A, þingon.   50. A, ongeaton.
51. C. *om.* his.
CHAP. III.   1. A, galilęę; philyppo.

2. under ðára sácerda ealdrum Anna and Caífa ; Godes word wæs geworden ofer [Iōhannem], Zacharías sunu, on wēstene.

3. And hē cōm intō eall Iordānes ríce, bodiende dǽdbōte fulluht and synna forgyfenesse ;

4. swā hit āwriten ys on Ísaias bēc þæs wītegan, Clypiendes stefen on wēstene, Gegearwiað Drihtnes weg, dōð his síðas rihte.

5. Ælc denu bið gefylled, and ælc munt and beorh byð genyðerud; and þwuru bēoð on gerihte, and ungerȳdu on smēðe wegas ;

6. and ælc flǽsc gesihð Godes hǽle.

7. Sōþlíce hē cwæð tō þām menegum þe fērdon þæt hī wǣron gefullode fram him, Ealā nǣddrena cynn, hwā ætȳwde ēow þæt gē flēon fram þām tōwerdan yrre?

8. Dōð geornlíce dǣdbōte wæstmas, and ne ongynne gē cweðan, Wē habbað ūs tō fæder Ābrahām; ic secge ēow, þæt God is swā mihtig þæt hē mæg of þysum stānum Abrahāmes bearn āweccan.

9. Nū is sēo æx āsett tō ðæs trēowes wyrtruman; witodlīce ælc trēow þe ne bringð gōdne wæstm, bið forcorfen and on fȳr āworpen.

10. Þā āhsodon hyne þā menegu and cwǣdon, Hwæt dō wē?

11. Ðā cwæð hē tō him, Sē þe hæfð twā tunecan sylle þām þe næfð, and þām gelíce dō sē þe mettas hæfþ.

---

2. A, westenne.   3. Corp., ricæ.   4. A, ysaies; Corp., clypiende; A, B, C, stefn; A, westenne.   5. A, þweoru.   7. A, eala ge.   8. A, geomlice weorðlice; C, gos (*for* god). 9. Corp., brynCð; B, C, brincð; Corp., wæsm.   10. A, acsedon.

12. Ðā cōmon þā mānfullan þæt hig āþwegene wǣron, and cwǣdon tō him, Lārēow, hwæt dō wē?

13. Þā cwæð hē, Ne dō gē nāht māre þonne þæt ēow gesęt is.

14. Ðā āhsodon hine þā cęmpan and cwǣdon, And hwæt dō wē? Ðā sǣde hē him, Ne slēa gē nānne, nē tāle ne dōð; and bēoð ēðhylde on ēowrum andlyfenum.

15. Sōðlīce þām folce wēnendum, and eallum on hyra heortan þęncendum be Iōhanne, hwæþer hē Crīst wǣre,

16. Ðā andswarude Iōhannes him, eallum sęcgende, Witodlīce ic ēow on wætere fullige; sōðlīce cymð stręngra þonne ic, þæs ic ne eom wyrþe þæt ic hys scēoþwang uncnytte; hē ēow fullað on Hālgum Gāste and on fȳre.

17. And his fann ys on his handa, and hē feormað his bęrnes flōre, and gaderað hys hwǣte intō his bęrne; þæt ceaf hē forbærnþ on unācwęncedlīcum fȳre.

18. Manega ōðre þing bodigende hē þæt folc lǣrde.

19. Hērōdes sē fēorðan dǣles rīca, þā hē wæs fram him geðrēad be ðǣre Hērōdiadiscan hys brōðor wife, and be eallum yfelum þe Hērōdes dyde,

20. and ofer eall þæt geīcte, þæt hē beclȳsde Iōhannem on cwearterne.

21. Sōðlīce wæs geworden þā eall þæt folc wæs gefullod, and þām Hǣlende gefulledum and gebiddendum, heofon wæs geopenud;

22. and sē Hālega Gāst āstāh līchamlīcre ansȳne on hyne swā ān culfre, and stefen wæs of heofone geworden, and þus cwæð, Ðū eart mīn gecorena sunu, on þē mē gelīcode.

---

14. A, stale (*for* tale). 16. Corp., B, C, sceoþwancg.
17. A, berenes; berene; *om. second* on. 20. A, þæt he geycte. 21. A, wæs eall gefullod. 22. A, B, C, stefn.

23. And sē Hǣlend wæs on ylde swylce þrītigwintre, þæt męnn wēndon þæt hē wǣre Iōsēpes sunu, sē wæs Hēlīes sunu.

24–38. Sē wæs Nāzareth, swā of cnēorysse on cnēorysse oð Ādām, sē wæs Godes sunu, oð fīf and hundseofantig cnēoryssa.

CHAPTER IV.

1. SŌÐLĪCE sē Hǣlend wæs full Hālgum Gāste, and fērde fram Iordāne, and wæs fram Hāligum Gāste gelǣd on sumum wēstene

2. fēowertig daga, and wæs fram dēofle costod. And hē on þām dagum nān þing ne ǣt; and þām dagum gefylledum, hine hingrede.

3. Ða cwæð sē dēofol him tō, Gif þū sȳ Godes sunu, sęge þisum stāne þæt hē tō hlāfe gewurðe.

4. Ða andswarude him sē Hǣlend, Hit is āwriten þæt sē man ne leofaþ be hlāfe ānum, ac of ǣlcum Godes worde.

5. And þā lǣdde sē dēofol hyne, and ætȳwde him ealle rīcu eorðan ymbehwyrftes, on ānre byrhtmhwīle;

6. and tō him cwæð, Ealne þisne anweald ic ðē sylle and hyra wuldor, for þām þe hī mē synt gesealde, and ic hī sylle þām ðe ic wylle;

7. witodlīce ealle hig bēoð þīne, gif þū geēaðmētst beforan mē.

23. Corp., B, C, heliges.
CHAP. IV. 2. A, costod *altered to* costnod; hyngrode. 3. A, sege to. 5. Corp., byrhmhwile. 7. A, geeadmedst; C. geaðmetst.

8. Þā andswarode him sē Hǣlend, Hit is āwriten, Drihten þīnne God ðū geēadmētst and him ānum þēowast.

9. Ðā lǣdde hē hyne on Hierusalem, and gesętte hine ofer þæs temples *hrycg*, and him tō cwæð, Gyf þū sȳ Godes sunu, āsęnd þē heonun nyþer ;

10. sōðlīce hyt is āwriten, þæt hē hys ęnglum be þē bebȳt þæt hig þē gehealdon,

11. and þæt hig þē mid handum nimon, þē lǣs þū ðīnne fōt æt stāne ætspeorne.

12. Ðā cwæð sē Hǣlend him andswariende, Hyt is gecweden, Nē costa þū Drihten þīnne God.

13. And ealre þǣre còstunge gefylledre, sē dēofol him sume hwīle fram gewāt.

14. Þā fērde sē Hǣlend on Gāstes mægene on Galilēam, and his hlīsa be him fērde on eall þæt rīce.

15. And hē lǣrde be hyra gesamnungum, and wæs fram eallum gemǣrsod.

16. Ðā cōm hē tō Nāzareth, þār hē āfēd wæs ; and hē ēode on ręstedæge on þā gesamnunge æfter his gewunan, and hē ārās þæt hē rǣdde.

17. And him wæs geseald Īsaias bōc þæs wītegan, and sōna swā hē þā bōc unfēold þā funde hē þār āwriten,

18. Drihtnes Gāst is ofer mē, for þām ðe hē smyrede mē ; hē sęnde mē þearfum bodian and gehæftum ālȳsednesse, and blindum gesīhþe, forbrocene gehǣlan ;

19. and bodian Drihtnes andfęnge gēr and edlēanes dæg.

20. And þā hē þā bōc befēold hē hig þām ðēne āgef, and sæt ; and ealra heora ēagan on þǣre gesamnunge wǣron on hyne behealdende.

8. A, geeaðmedst. 9. Corp., A, B, hrîcg ; C, hric. 10. A, gehealdan. 11. A, nyman. 12. A, costa *altered to* costna. 13. A, costnunge. 19. A, gear. 20. A, ageaf.

21. Ða ongan hē him tō cweðan, Sōþlīce tō dæg þis gewrit is on ēowrum ēarum gefylled.

22. And hig ealle wǣron þæs gecnǣwe, and wundredon be þām wordum þe of his mūþe ēodon, and þus cwǣdun, Nys þēs Iōsēpes sunu?

23. Ða cwæþ hē, Witodlīce gē sęcgað mē þās gelīcnesse, Ēalā, lǣce, gehǣl ðē sylfne; dō hēr on þīnum earde swā fela wundra swā wē gehȳrdon gedōne on Cafarnaum.

24. Ða cwæð hē, Sōðlīce ic ēow sęcge, þæt nān wītega nis andfęnge on his ēþele.

25. Sōþlīce ic ēow sęcge, Manega wudewan wǣron on Hēlīas dagum on Israhēl, ðā þā sēo heofon wæs belocen þrēo gēr and syx mōnþas; þā wæs geworden mycel hunger on ealle eorðan;

26. and tō þāra nānum næs Hēlīas āsęnd, būton tō ānre wudewan on Sarepta Sīdōnie.

27. And manega līcþrōweras wǣron on Israhēl under Hēlīseo þām wītegan, and hyra nān næs āclǣnsud būton Naaman sē Sirisca.

28. Ða wurdon hig ealle on þǣre gesamnunge mid yrre gefylled, þās þing gehȳrende;

29. and hig ārison and scufon hine of ðǣre ceastre, and lǣddon hine ofer ðæs muntes cnæpp ofer þone hyra burh getimbrud wæs, þæt hī hyne nyðer bescufon.

30. Þā fērde hē þurh hyra midlen.

31. And hē fērde tō Cafarnaum on Galilēisce ceastre, and hī þār on ręstedagum lǣrde;

22. A, gecnawe; Corp., B, C, eode.   23. A, Capharnaum.
25. A, wudewa; Corp., hisrahel; A, B, C, ealre.   27. A, manege.
28. A, he gehyrde (*for* gehyrende; he *underscored for erasure*).
29. Corp., buruh.

32. and hig wundredon be his lāre, for þām his spǣc on anwealde wæs.

33. And on hyra gesamnunge wæs sum man unclǣne dēofol hæbbende, and hē hrȳmde micelre stefne,

34. and cwæþ, Lǣt lā *Nazarēnisca* Hǣlend, hwæt is ūs and þē? cōm þū ūs tō forspillanne? ic wāt þæt ðu eart Godes Hālega.

35. And þā cīdde him sē Hǣlend and cwæþ, Ādumba, and gā him of. And þā hē ūt ādrāf hine on heora midlene, hē him fram gewāt, and him nāht ne derude.

36. Ðā wurdon hig ealle forhte, and sprǣcon him betwynan and cwǣdon, Hwæt ys þæt word þæt hē on mihte and on mægene unclǣnum gāstum bebȳt and hig ūt gāþ!

37. Ðā wæs his hlīsa gewīdmǣrsod on ǣlcere stōwe þæs rīces.

Ðis [godspel] sceal on þone þryddan þunresdæg innan lenctene,
and tō pentecosten on sæternesdæg.

38. Sōþlīce hē ārās of heora gesamnunge and fērde on Sīmōnes hūs. Ðā wæs Sīmōnes sweger geswenced on mycelum fēferum; and hig hyne for hyre bǣdon.

39. And hē standende ofer hig þām fēfore bebēad, and hē hig forlēt, and hēo sōna ārās and him þēnode.

40. Sōðlīce þā sunne āsāh, ealle þe untrume wǣron on mislīcum ādlum hig lǣddon him tō, and hē syndrygum hys hand onsettende, hig gehǣlde.

41. Ðā fērdon þā dēoflu of manegum hrȳmende and cweðende, Sōðes þū eart Godes sunu. And hē ne geþafude

---

32. A, spræc.   34. A, *om.* la; Corp., nadzarenisca; B, *erasure of* d; A, ladz- *altered to* nadz-.   38. B, C, swegr.
39. C, of (*for* ofer).

þæt hig ænig þing spræcon, for þām þe hig wiston þæt hē Crīst wæs.

42. Ðā gewordenum dæge, sē Hǣlend ūt gangende fērde on wēste stōwe; and þā menegu hine sōhton, and hī cōmon tō him, and behæfdon hine þæt hē him fram ne gewite.

43. Þā sǣde hē him, Sōðlīce mē gedafenað ōðrum ceastrum Godes rīce bodian, for þām tō þām ic eom āsend.

44. And hē wæs bodigende on Galilēa gesamnungum.

CHAPTER V.

Ðis [godspel] sceal on þone syxtan sunnandæg ofer pentecosten.

1. Sōþlīce wæs geworden þā ðā menegu him tō cōmon, þæt hig Godes word gehȳrdon; hē stōd wið þone mere Genēsareth;

2. and hē geseah twā scipu standende wið þone mere; ðā fisceras ēodun and wōhson heora nett.

3. Hē þā āstīgende on ān scyp þæt wæs Sīmōnes, bæd hyne þæt hē hit lȳthwōn fram lande tuge; and on þām scipe sittende hē lǣrde þā menegu.

4. Ðā hē sprecan geswāc, hē cwæþ tō Sīmōne, Tēoh hit on dȳpan and lǣtað ēowre nett on þone fiscwēr.

5. Þā cwæþ Sīmōn him andswariende, Ēalā, Bebēodend,

41. Corp., B, C, æni; *om.* hig *before* wiston.   42. Corp., meniu; A, mænegu.   43. Corp., gedafænað.
CHAP. V. 2. Corp., B, C, bæne; A, woxon; B, C, wohsun.

ealle niht swincende wē nāht ne gefēngon; sōðlīce on
þīnum worde ic mīn nętt ūt lǣte.

6. And þā hī þæt dydon, hig betugon mycele męnigeo
fixa, and hyra nęt wæs tōbrocen.

7. And hig bīcnodon hyra gefēran þe on ōðrum scipe
wǣron, þæt hī cōmun and him fylston. Ðā cōmon hig
and gefyldon būtū þā scipu, swā þæt hī nēh wǣron
besęncte.

8. Þā Pētrus þæt geseah hē fēoll tō þæs Hǣlendes
cnēowum, and cwæþ, Drihten, gewīt fram mē for þām ic
eom synfull mann.

9. And hē wundrude, and ealle þā ðe mid him wǣron,
on þām wēre þāra fixa þe hī gefēngon;

10. gelīce *Iācōbus* and *Iōhannes*, Zebedēis suna, þā
wǣron Sīmōnes gefēran. Ðā cwæþ sē Hǣlend tō Sīmōne,
Ne ondrǣd þū þē; heonon forð þū byst męn gefōnde.

11. And hig tugon hyra scypo tō lande, and forlēton
hig, and folgodon þām Hǣlende.

12. Ðā hē wæs on ānre ceastre, þā wæs þār ān hrēofla,
and þā hē geseah þone Hǣlend þā āstręhte hē hine and
bæd and þus cwæð, Drihten, gyf þū wylt þū miht mē
geclǣnsian.

13. And hē æthrān hine, his handa āþęnigende, and
cwæð, Ic wylle, sī þū geclǣnsud. And sōna sē hrēofla
him fram fērde.

14. And hē bebēad him þæt hē hit nānum męn ne
sǣde: Ac gā, ætȳw þē þām sācerde, and bring for þīnre
clǣnsunga swā Moyses bebēad him on gewitnesse.

15. Witodlīce þæs þē mā sēo sprǣc be him fērde, and

10. MSS., iacobum and iohannem; A, zebedeus. 11. A,
scipu. 12. Corp., B, C, þæne (*for* þone). 13. Corp.,
B, C, aþenede. 14. B, C, and ætyw.

mycele manegeo cōmun þæt hī gehȳrdon and wurdon gehǣlede fram hyra untrumnessum.

16. Hē þā fērde on wēsten, and hyne gebæd.

Ðis [godspel] sceal on frīgedæg on þǣre pentecostenes wucan.

17. Ðā wæs ānum dæge geworden þæt hē sæt and hig lǣrde, and þā wǣron þā Farisēi sittende and þǣre ǣ lārēowas, þā cōmon of ǣlcum castele Galilēę and Iūdēę and Hierusalem: and Drihtnes mægen wæs hig tō gehǣlenne.

18. And þā bǣron męn on ānum będde ānne man sē wæs lama;

19. and hig ne mihton hine in bringan and ālęcgan beforan him, for þǣre męnigo þe mid þām Hǣlende wæs; þā āstigon hig uppan *þone* hrōf, and þurh þā watelas hine mid þām będde āsęndon beforan þone Hǣlend.

20. Ðā hē geseah hyra gelēafan, hē cwæð, Lā mann, þē synd þīne synna forġyfene.

21. Þā āgunnon þęncan þā bōceras and Farisēi, and cwǣdon, Hwæt is þēs þe hēr sprycþ wōffunga? Hwā mæg synna forgyfan būton God āna?

22. Ðā sē Hǣlend gecnēow hyra geþancas, hē andswariende cwæþ tō him, Hwæt þęnce gē on ēowrum heortum?

23. Hwæðer is ēðre tō cweþenne, Þē synd þīne synna forgyfene, hwæðer þe cweþan, Ārīs and gā?

24. Þæt gē witon þæt mannes Sunu on eorðan anweald

17. Corp., lareow was; B, C, lareow wæs; Corp., B, C, ælcon; A, castellum; Corp., gehælene; A, gehælanne; C, hælenne. 19. MSS., þæne; Corp., B, C, asende; þæne.   21. A, ongunnon; cweðan; sprecð.   22. C. *om.* he.   24. Corp., anwead; B, C, anwald.

hæfð synna tō forgyfanne—and hē sǣde þām laman—Þē ic secge, Ārīs, nim þīn bed, and gā on þīn hūs.

25. And hē sōna beforan him ārās, and nām þæt hē on læg, and tō his hūse fērde, and God wuldrode.

26. And hig ealle wundredon, and God mǣrsodon, and wǣron mid ege gefyllede, and cwǣdon, Sōðes wē tō dæg wundru gesāwon.

27. Þā æfter þām hē ūt ēode, and geseah publicānum, he wæs ōþrum naman Lēui gehāten, æt cēapsceamule sittende, and hē cwæþ tō him, Filig mē.

28. And hē him þā filigde, and ealle hys þing forlēt.

29. And Lēui dyde him mycelne gebēorscype on his hūse; and þǣr wæs mycel menegeo mānfulra and ōðerra þe mid him sǣton.

30. Þā murcnodon þā Farisēi and þā bōceras, and cwǣdon tō hys leorningcnihtum, Hwī ete gē, and drincað mid mānfullum and synfullum?

31. Ðā andswarude sē Hǣlend and cwæþ tō him, Ne beþurfon lǣces þā ðe hāle synd, ac þā ðe unhǣlþe habbaþ.

32. Ne cōm ic rihtwīse clypian ac synfulle on dǣdbōte.

33. Ðā cwǣdon hig tō him, Hwī fæstað Iōhannes leorningcnihtas gelōmlīce and hālsunga dōð, and eallswā Farisēa; and þīne etað and drincað?

34. Þā cwæð hē, Cwyst ðu, magon þæs brȳdguman bearn fæstan swā lange swā sē brȳdguma myd him ys?

35. Sōþlīce þā dagas cumaþ þonne sē brȳdguma him byð āfyrred, þonne fæstað hig on ðām dagum.

27. A, oðre nama; ceapsceamele; C, ceapscemule; fylig.
29. A, oðra.   31. A, beþurfun lǣcas.   33. A, farisea *altered to* farisei.   34. Corp., cwystuþu.   35. C, *om.* se.

36. Þā sǣde hē him ān bigspell, Ne āsęnd nān man scyp of nīwum rēafe on eald rēaf, ęlles þæt nīwe slīt, and sē nīwa scyp ne hylpð þām ealdan.

37. Nē nān man ne sęnt nīwe wīn on ealde bytta ; ęlles þæt nīwe wīn brycð þā bytta, and þæt wīn byð āgoten, and þā bytta forwurðað.

38. Ac nīwe wīn is tō sęndęnne on nīwe bytta, þonne bēoð *būtū* gehealdene.

39. And ne drincð nān mān eald wīn and wylle sōna þæt nīwe, hē cwyþ, Þæt ealde is bętere.

CHAPTER VI.

1. Sōþlīce wæs geworden on þām æfteran ręstedæge ǣryst, þā hē fērde þurh þā æceras, hys leorningcnihtas þā ēar pluccedon and mid hyra handum gnidon and ǣton.

2. Ðā cwǣdon sume of þām sundorhālgum, Hwī dō gē þæt ēow ālȳfed nis on ręstedagum ?

3. Þā andswarode him sē Hǣlend, Ne rǣdde gē þæt hwæt Dāuīd dyde þā hine hingrede, and þā ðe mid him wǣron ;

4. hū hē ēode intō Godes hūse and nam þā offrung- hlāfas and hig ǣt, and þām sealde þe mid him wǣrun ; þā nǣrun ālȳfede tō etanne, būton sācerdum ānum ?

36. A, asent ; scep (*twice, altered to* scyp) ; Corp., hylp. 38. A, sendanne ; MSS. þa bytta (*for* butu). 39. A, þæt þæt ealde.
CHAP. VI. 1. A, ǣrest ; gear. 2. Corp., B, þan sundorhalgan ; A, sunder- ; C, -halgan ; Corp., B, C, -dagon. 3. A, hyngrade. 4. A, *om. from* hu *to* wærun ; Corp., sacerdon.

5. And hē sǣde him þæt Drihten is mannes Sunu ēac swylce reſtedæges.

6. Sōðlīce on ōðrum reſtedæge wæs geworden þæt hē on gesamnunge ēode and lǣrde; and þār wæs sum man, and his swȳðre hand wæs forscruncen.

7. Ðā gȳmdon þā bōceras and Farisēi, hwæþer hē on reſtedæge hǣlde; þæt hī hyne gewrēgdon.

8. Sōþlīce hē wiste hyra geþancas, and hē sǣde þām men þe ðā forscruncenan hand hæfde, Ārīs and stand hēr amiddan. Þā ārās hē and stōd.

9. Ðā cwæþ sē Hǣlend tō him, Ic āhsige ēow, ālȳfþ on reſtedægum wel dōn, oððe yfele; sāwle hāle gedōn, hwæþer ðe forspillan?

10. And him eallum gescēawodum, mid yrre hē sǣde þām men, Āþene þīne hand. And hē āþenode, and his hand wæs geednīwod.

11. Þā wurdon hig mid unwīsdōme gefyllede, and spǣcon betwux him hwæt hig þām Hǣlende dydon.

12. Sōþlīce on þām dagum hē fērde on ānne munt hine gebiddan, and wæs þār waciende on Godes gebede.

13. And þā ðā dæg wæs, hē clypode hys leorningcnihtas, and gecēas twelf of him, and þā hē nemde apostolas;

14. Sīmōnem þone he nemde Pētrus, and his brōðor Andrēam; Iācōbum and Iōhannem, Filippum and Bartholomēum;

15. and Thōmam and Mathēum, and Iācōbum Alfēi, and Sīmōnem sē is genemned Zēlōtes;

16. Iūdam Iācōbi, and Iūdam Scarioð sē wæs lǣwa.

---

9. A, acsige.   11. Corp., betux; A, betweox.   13. A, twelfe.   14. Corp., B, C, þæne; andreas; C, Filippus; bartholomeus.

17. And mid him farendum, hē stōd on feldlīcre stōwe, and mycel wered his leorningcnihta, and mycel menegeo fram ealra Iūdēa and fram Ierusalem, and ofer mūþan and sǣgemǣro Tiri and Sīdōnis, ðā cōmon þæt hī hyne gehȳrdon and wǣron of hyra ādlum gehǣlede;

18. and þā ðe wǣron of unclǣnum gāstum gedrehte wǣrun gehǣlede.

19. And eal sēo menigeo sōhte hine tō æthrīnenne, for þām þe mægen of him ēode; and hē ealle gehǣlde.

20. Ðā cwæþ sē Hǣlend, besēonde tō his leorningcnihtum, Ēadige synd gē þearfan on gāste, for þām þe Godes rīce is ēower.

21. Ēadige synd gē ðe hingriað nū, for þām þe gē bēoð gefyllede; ēadige synt gē ðe nū wēpað, for þām gē hlihhað.

22. Ēadige bēo gē þonne ēow men hatiað and ēhtað and onhiscaþ, and āwurpað ēowerne naman swā swā yfel, for mannes Suna.

23. Geblissiað and gefagniað on þām dagum, nū ēower mēd is mycel on heofenum; sōðlīce æfter þissum þingum hyra fæderas dydon þām wītegum.

24. Þēah hwæðere wā ēow *weligum*, for þām þe gē ēowerne frōfor habbað.

25. Wā ēow þe gefyllede synt, for þām þe gē hingriað. Wā ēow þe nū hlyhhað, for þām þe gē hēofiað and wēpað.

26. Wā ēow þonne ēow ealle men blētsiað; æfter þissum þingum hyra fæderas dydon þām wītegum.

17. A, B, feldlicre; C, fiendlicre; B, C, ealre; A, B, C, sægemære.   19. A, *om.* eal; C, *om.* ealle.   21. Corp., B, C, hlihaþ.   22. Corp., B, C, þone (*for* þonne). A, gefægeniað.   24. MSS., witegum, *for which Marshall substitutes* weligum.   25. Corp., B, C, hlihaþ; Corp., B, heofað; C, heofad.   26. C, *om. second* eow.

27. Ac ic ēow sęcge for þām þe gē gehȳraþ, Lufiað ēowre fȳnd, dōþ þām tala þe ēow hatedon.

28. Blētsiað þā ðe ēow wyrgeað, gebiddaþ for þā þe ēow onhisceað.

29. And þām þe ðē slihþ on þīn gewęnge, węnd ōðer agēn; and þām þe ðīn rēaf nymþ, ne forbēod him nō þīne tunecan.

30. Syle ǣlcum þe ðē bidde, and sē ðe nimð þā ðing þe ðīne synt, ne mynega þū hyra.

31. And swā gē wyllað þæt ēow męn dōn, dōþ him gelīce.

32. And hwylc þanc is ēow, gif gē lufiað þā þe ēow lufiað? sōðlīce synfulle lufiað þā þe hī lufiað.

33. And gyf gē wel dōð þām ðe ēow wel dōð, hwylc þanc is ēow? witodlīce þæt dōð synfulle.

34. And gif gē lǣnaþ þām þe gē eft æt onfōð, hwylc þanc is ēow? sōðlīce synfulle synfullum lǣnað, þæt hī gelīce onfōn.

35. Þēah hwæðere lufiað ēowre fȳnd and him wel dōð, and lǣne syllað, nān þing þanun eft gehihtende; and ēower mēd byþ mycel on heofone, and gē bēoþ þæs Hēhstan bearn: for þām þe hē is God ofer unþancfulle and ofer yfele.

Ðis [godspel] gebyrað on þone fīftan sunnandæg ofer pentecosten.

36. Eornostlīce bēoþ mildheorte, swā ēower fæder is mildheort.

27. Corp., A, sege; A, tǣla.　　28. Corp, B, C, wiriað; A, onhyscað.　　29. Corp, B, C, þam þe slihþ; A, na (*for* no). 30. A, mynge *altered to* mynega; B, myngā; C, myng; A, hyne (*for* hyra).　　32. C, *om. from* sōðlice *to* lufiað.　　33. A, deð (*for second* dōð).　　35. Corp., *om.* mycel.　　36. Corp., Heornostlice.

37. Nelle gē dēman, and gē ne bēoð dēmede; nelle gē
genyðerian, and gē ne bēoð genyþerude; forgyfað, and
ēow byð forgyfen.

38. Syllað, and ēow byþ geseald; gōd gemet and full,
gehēapod, and oferflōwende, hig syllað on ēowerne
bearm. Þām sylfan gemete þe gē metað, ēow byð
gemeten.

39. Ðā sǣde hē him sum bigspell, Sęgst þu, mæg sē
blinda þone blindan lǣdan? hū ne feallaþ hig bēgen on
þone pytt?

40. Nis sē leorningcniht ofer þone lārēow; ǣlc byð
fulfręmed, gif hē is swylce hys lārēow.

41. Hwī gesihst þū þā ęgle on þīnes brōþor ēagan, and
ne gesihst þone bēam on þīnum ēagan?

42. And hū miht þū sęcgan þīnum brēþer, Brōþor, lǣt
þæt ic ātēo þā ęgle of þīnum ēagan, and þū sylf ne gesyhst
þone bēam on þīnum āgenum ēagan? Ēalā līcetere, tēoh
ǣrest þone bēam of þīnum ēagan, and þonne þū gesihst
þæt ðū ātēo þā ęgle of þīnes brōðor ēagan.

43. Nys gōd trēow þe yfelne wæstm dēð; nē nis yfel
trēow gōdne wæstm dōnde.

44. Ǣlc trēow is be his wæstme oncnāwen; nē hig of
þornum fīcæppla ne gaderiaþ, nē wīnbęrian on gorste ne
nimað.

45. Gōd man of gōdum goldhorde hys heortan gōd
forðbringð; and yfel man of yfelum goldhorde yfel forð-
bringþ: sōðlīce sē mūð spycð swā sēo heorte þęncð.

---

38. A, B, C, and *before* geheapod.   39. Corp., B, C, þæne
(*twice*); A, ænne pytt.   40. A, se (*for* hys).   41. Corp.,
B, C, þæne; C, egan.   42. Corp., segan; C, ege (*for first
ęgle*); Corp., B, C, eage (*first and last two times*); þæne (*first
time*).   43. Corp., wæsm (*first time*).   44. A, of (*for* on).

46. Hwī clypige gē mē Drihten, Drihten, and ne dōð þæt ic eow secge?

47. Ǣlc þara þē tō mē cymþ, and mīne sprǣca gehȳrð and þā dēþ, ic *ēow* ætȳwe hwām hē gelīc is:

48. hē is gelīc timbriendum men his hūs, sē dealf dēopne and hys grundweall ofer þone stān āsette; sōðlīce gewordenum flōde, hit flēow intō þām hūse, and hyt ne mihte þæt hūs āstirian : hit wæs ofer þone stān getrymed.

49. sē ðe gehȳrð and ne dēþ, hē is gelīc þām timbriendan men his hūs ofer þā eorþan būtan grundwealle; and þæt flōd in flēow, and hrædlīce hyt āfēoll, and wearð mycel hryre þæs hūses.

CHAPTER VII.

1. Sōþlīce ðā hē ealle his word gefylde on þæs folces hlyste, hē ēode intō Cafarnaum.

2. Þā wæs sumes hundredmannes þēowa untrum, sē wæs sweltendlīc, sē wæs him dȳre.

3. And þā hē gehȳrde be þām Hǣlende, hē sende tō him Iūdēa ealdras, and bæd þæt hē cōme and hys þēow gehǣlde.

4. Þā hī tō þām Hǣlende comun, hī bǣdon hyne geornlīce and þus cwǣdon, Hē is wyrðe þæt ðū him tilige;

5. witodlīce hē lufað ūre þēode, and hē ūs ūre samnunge getimbrode.

46. Corp., clypege; B, C, clypie. 47. MSS. him (*for* eow). 48. A, deope; Corp., B, C, þæne (*twice*). 49. C, timbriendum.
CHAP. VII. 1. Corp., gyfylde; A, Capharnaum. 5. A, gesamnunge timbrode.

6. Þā fērde sē Hǣlend mid him. And þā hē wæs unfeor þām hūse, sē hundredmann sęnde hys frȳnd tō him, and cwæþ, Drihten, nelle þū bēon gedrȩht : ne eom ic wyrðe þæt ðū gā under mīne þęcene;

7. for þām ic ne tealde mē sylfne þæt ic tō ðē cōme : ac cweð þīn word, and mīn cniht byð gehǣled.

8. Ic eom ān man under anwealde gesętt, cęmpan under mē hæbbende : and ic sęcge þissum, Gā, and hē gǣð ; and ic sęcge þissum, Cum, þonne cymð hē ; and ic sęcge mīnum þēowe, Dō þis, and hē dēð.

9. Þā wundrude sē Hǣlend, þām gehȳredum, and cwæþ tō þǣre męnigeo bewȩnd, Sōþlīce ic sęcge ēow, ne funde ic on Israhēl swā mycelne gelēafan.

10. And þā ðā hām cōmon ðe āsęnde wǣron, hig gemētton hālne þone þe ǣr untrum wæs.

Ðys [godspel] sceal on þone seofentēoðan sunnandæg ofer-pentecosten.

11. Þā wæs syððan ġeworden [þæt] hē fērde on þā ceastre þe is geęmned Nāim, and mid him fērdun hys leorningcnihtas and mycel męnego.

12. Þā hē genēalǣhte þǣre ceastre gate, þā wæs þār ān dēad man geboren, ānre wudewan sunu þe nānne ōðerne næfde ; and sēo wudewe wæs þār, and mycel męnegu þǣre burhware mid hyre.

13. Þā sē Hǣlend hig geseah, þā wæs hē mid mildheortnesse ofer hig gefylled, and cwæþ tō hyre, Ne wēp þū nā.

14. Þā genēalǣhte hē and þā cyste æthrān : þā ætstōdon þā þe hyne bǣron. Þā cwæþ sē Hǣlend, Ēalā geonga, þē ic sęcge, Ārīs.

6. A, unfeor fram þam ; C, ne om ic.   8. Corp., Ic ne eom ;
C, Ic eom a man.   12. A, nænne.

15. Ðā ārās sē þe dēad wæs, and ongan sprecan; þā āgef hē hine hys mēder.

16. Þā oferēode ęge hig ealle; and hig God mærsodon, and cwædon, þæt mære wītega on ūs ārās, and þæt God his folc genēosude.

17. Ðā fērde þēos spǣc be him on ealle Iūdēa and embe eall þæt rīce.

18. Ðā cȳddun Iōhannes leorningcnihtas him be eallum þysum þingum.

19. Þā clypode Iōhannes twēgen of his leorningcnihtum, and sęnde tō þām Hǣlende, and þus cwæð, Eart þū þe tō cumenne eart, hwæðer þe wē ōþres sculon onbīdan?

20. Ðā hig tō him cōmun, þus hig cwædon, Iōhannes sē fulluhtere ūs sęnde tō þē, and þus cwæð, Eart þū ðe tō cumenne eart, hwæðer þe wē sculon ōðres onbīdan?

21. Sōðlīce on þǣre tīde hē gehǣlde manega of ādlum, ge of wītum and of yfelum gāstum; and manegum blindum hē gesihþe forgeaf.

22. Ðā cwæþ sē Hǣlend, Faraþ and cȳþað Iōhanne þā ðing þe gē gesāwon and gehȳrdon, þæt blinde gesēoð and healte gāþ; hrēoflan synt gehǣlede, dēafe gehȳrað, dēade ārīsaþ, *þearfum* [is] *gebodod*.

23. And ēadig ys swā hwylc swā ne byð on mē geuntrȳwsud.

24. And þā þā Iōhannes ǣrendracan fērdon, þā cwæð sē Hǣlend tō þām folce be Iōhanne, Hwī fērde gē on wēstene gesēon? þæt hrēod þe byð mid winde āstyred?

---

18. cȳðdon.   19. Corp., B, C, þe cumene (*om.* to); Corp., scylon; A, scęolon; Corp., A, onbydan.   20. Corp., B, C, *om.* hwæðer; A, we oðres sceolon.   22. MSS., þearfan bodiað.   23. A, geuntreowsod; B, C, geuntreowsud.   24. Corp., B, C, ærenddracan; A, hwig ferdon; westenne.

25. Ac hwī́f ērde gē tō sēonne? þone man mid hnęscum rēafum gescrȳddne? Þā ðe synt on dēorwurðum rēafe and on ēstum [synt on cyninga hūsum].

26. Ac hwī fērde gē þone wītegan gesēon? witodlīce ic ēow sęcge, Hē is māra þonne wītega.

27. Ðēs is be þām þe āwriten is, Nū ic āsęnde mīnne ęngel beforan þīne ansȳne, sē gegearwað þīnne weg beforan þē.

28. Sōðlīce ic ēow sęcge, Nis betwux wīfa bearnum nān māra wītega þonne Iōhannes sē fulluhtere; sē þe is lǣssa on Godes rīce, sē is his māra.

29. And eall folc þis gehȳrende [and ðā] sundorhālgan God hęredon, gefullede on Iōhannes fulluhte.

30. Sōþlīce þā sundorhālgan and þā ǣglēawan forhogodon þæs Hǣlendes geþeaht on him sylfum, nā fram þām Hǣlende gefullode.

31. Hwām tęlle ic gelīce þisse cnēorisse męn, and hwām synt hī gelīce?

32. Hī synt gelīce cildum on strǣte sittendum and specendum betwux him, and cweðendum, Wē sungon ēow be hearpan, and gē ne sealtedon; wē hēofdun, and gē ne wēopun.

33. Sōþlīce Iōhannes cōm sē fulluhtere hlāf ne etende nē wīn drincende, and gē cweðað dēofolsēocnysse hē hæfð.

34. Mannes sunu cōm etende and drincende, and gē cweþað, Þēs man is swelgend and wīn drincende, mānfullra and synfulra frēond.

25. A, B, C, geseonne; gescrydne; A, deorwyrðum.   26. Corp., B, C, þæne (*for* þone).   28. Corp., B, C, mærra (*first time*).
29. MSS. and *before* gefullede.   30. Corp., B, C, sylfon.
31. Corp., B, C, ham (*for second* hwam).   32. Corp., B, C, saltudun; A, sealtedon, *glossed* & non saltastis.   33. Corp., B, ętende; A, na etende.   34. Corp., dringcende (*second time*).

35. And wīsdōm is gerihtwīsud on eallum his bearnum.

Ðis godspel sceal tō þām ymbrene innan hærfaste on frīgedæg.

36. Þā bæd hine sum of þām sundorhālgum þæt hē mid him æte; ðā ēode hē intō þæs Farisēiscan hūse and gesæt.

37. And þā þæt wīf þe wæs on þǣre ceastre, synfull, þā hēo oncnēow þæt hē sæt on þæs Farisēus hūse, hēo brōhte hyre sealfbox,

38. and stōd wiðæftan his fēt, and ongan mid hyre tēarum hys fēt þwēan, and drīgde mid hyre hēafdes fexe, and cyste hys fēt and mid sealfe smyrede.

39. Ðā sē sundorhālga þe hyne in gelaðode þæt geseah, hē cwæþ on hys geþance, Gyf þēs man wītega wære, witodlīce hē wiste hwæt and hwylc þis wīf wære þe his æthrīnþ, þæt hēo synful is.

40. Ðā cwæð sē Hælend him andswariende, Sȳmōn, ic habbe þē tō sęcgenne sum ðing. Þā cwæþ hē, Lārēow, sęge þonne.

41. Twēgen gafolgyldan wæron sumum lænende; ān sceolde fīf hund pęnega, and ōðer fīftig.

42. Ðā hig næfdon hwanon hī hyt āguldon, hē hit him bām forgef. Hwæþer lufode hyne swȳðor?

43. Þā andswarode Sīmōn, Ic wēne, sē ðe hē māre forgef. Ðā cwæð hē, Rihte þū dēmdest.

44. Þā bewęnde hē hyne tō þām wīfe, and sæde Simōne, Gesyhst þū þis wīf? Ic ēode intō þīnum hūse, ne sealdest þū mē wæter tō mīnum fōtum; ðēos mid hyre tēarum mīne fēt þwōh, and mid hyre loccum drīgde.

---

38. B, C, feaxe; C, *om.* mid hyre *to* drigde. 39. Corp., B, C, þe (*for* þes). 40. C, sæge; Corp., B, C, þænne. 41. Corp., B, C, -gyldon. 42, 43. A, forgeaf. 44. Corp., B, wæten (*for* wæter); A, myd loccum.

45. Coss þū mē ne sealdest; þēos syððan ic in ēode ne geswāc þæt hēo mīne fēt ne cyste.

46. Mīn hēafod þū mid ele ne smyredest; þēos smyrede mid sealfe mīne fēt.

47. For þām ic sęcge þē, Hyre synt manega synna forgyfene, for þām hēo mē swȳðe lufode; læsse lufað þām ðe læsse forgyfen ys.

48. Þā cwæþ hē tō hyre, Þē synt þīne synna forgyfene.

49. Ðā begunnon þā ðē þār sǣton betwux him cweðan, Hwæt is þēs þe manna synna forgyfð?

50. Ðā cwæþ hē tō þām wīfe, Þīn gelēafa þē dyde hāle; gā nū on sybbe.

CHAPTER VIII.

1. SYÐÐAN wæs geworden þat hē fērde þurh þā ceastre and þæt castel, Godes rīce prediciende and bodiende, and hī twęlfe mid him,

2. and sume wīf þe wǣron gehǣlede of āwyrgdum gāstum and untrumnessum, sēo Magdalēnisce Marīa of þǣre sēofon dēoflu ūt ēodon,

3. and Iōhanna Chūzan wīf Hērōdes gerēfan, and Sūsanna, and manega ōðre þe him of hyra spēdum þēnedon.

4. Sōþlīce þā mycel męnegeo cōm, and of þām ceastrum tō him efstun, hē sǣde him ān bigspel:

47. Corp., B, C, sinna.   48. Corp., B, C, forgyfenne.
CHAP. VIII.   1. A, predeciende; B, sprediciende (*with erasure of* s); C, spreende; Corp., B, C, *om.* him.   2. A, awyrgedum.

5. Sum man his sǣd sēow; þā hē þæt sēow, sum fēoll wið þone weg and wearð fortreden, and heofones fugulas hyt frǣton.

6. And sum fēoll ofer þone stān, and hit forscranc, for þām þe hit wǣtan nǣfde.

7. And sum fēoll on þā þornas, and þā þornas hyt forþrysmodon.

8. And sum fēoll on gōde eorðan, and worhte hundfealdne wæstm. Þā clypode hē and cwæð, Gehȳre sē ðe ēaran hæbbe.

9. Ðā āhsodon hine hys leorningcnihtas hwæt þæt bigspel wǣre.

10. Þā cwæð hē, Ēow is geseald þæt gē witun Godes rīces gerȳne, and ōðrum on bigspellum; þæt hī gesēonde ne gesēon, and gehȳrende ne ongyton.

11. Sōðlīce þis is þæt bigspell: þæt sǣd ys Godes word.

12. Þā ðe synt wið þone weg, þæt synt þā þe gehȳrað; syððan sē dēofol cymþ, and ætbrȳt þæt word of hyra heortan þæt hig þurh þone gelēafan hāle ne gewurðað.

13. Ðā ðe synt ofer þone stān þā þæt word mid gefēan onfōð, and þā nabbað wyrtruman, for þām þe hī hwīlum gelȳfað and āwāciaþ on þǣre costnunge tīman.

14. Ðæt sǣd þe fēoll on þā ðornas þæt synt þā ðe gehȳraþ, and of carum and of welum and of lustum þyses līfes synt forþrysmede, and nænne wæstm ne bringað.

15. Þæt [þe] fēoll on ðā gōdan eorðan, þæt synt þā ðe

5, 6. Corp., B, C, þæne.   8. Corp., hundfealde wæsm. 9. A, acsodon.   12. Corp., B, C, þæne; A, *om*. se; B, C, costunge; C, timat (*for* timan).   14. Corp., B, C, þiss (*for* þyses); A, forþrysmode; nænne.

on gōdre and on sēlestre heortan gehȳrende, þæt word healdaþ, and wæstm on geþylde bringaþ.

16. Ne oferwrīhþ nān man mid fæte his onǣlede lēohtfæt, oþþe under bedd āsett, ac ofer candelstæf āsett, þæt þā in gangendan lēoht gesēon.

17. Sōþlīce nis nān þing *digol* þæt ne sȳ geswutelod; nē behȳdd þæt ne sȳ cūþ and open.

18. Warniaþ hū gē gehȳran: þām byþ geseald þe hæfþ, and swā hwylc swā næfþ, þæt hē wēne þæt hē hæbbe him byþ āfyrred.

19. His mōdor and his gebrōþru him tō cōmun, and hī ne mihton hine for þǣre menegu genēosian.

20. Þā wæs him gecȳþed, Þīn mōdor and þīne gebrōþru standaþ hēr ūte [and] wyllaþ þē gesēon.

21. Þā cwæþ hē tō him, Mīn mōdor and mīne gebrōþru synt þā þe gehȳraþ and dōþ Godes word.

22. Sōþlīce ānum dæge wæs geworden þā hē on scyp ēode and his leorningcnihtas, þā cwæþ hē tō him, Utun seglian ofer þisne mere; and hig segledon þā.

23. Þā hig rēowun, þā slēp hē; þā cōm *windig* ȳst, and hig forhtodon.

24. Þā genēalǣhton hig him tō and cwǣdon, Hlāford, wē forwurþaþ. Ðā ārās hē and þrēade þone wind and þæs wæteres hrēohnesse: þā geswāc sē wind, and wearþ mycel smyltnes.

25. Ðā cwæþ sē Hǣlend, Hwār is ēower gelēafa? Þā ādrēdon hig and wundredon, and betwux him cwǣdon,

16. A, nan man hys onǣlede leohtfæt myd fæte, oþþe bed aset. 17. MSS., digle. 19. A, gebroþra; for þære mænigeo hyne. 22. Corp., seglydan; B, C, seglydun. 23. Corp., B, C, windi; A, wyndig. 24. A, *om.* to; B, C, forwurðaþ; A, forweorþaþ; Corp., B, C, þæne.

Wēnst þū hwæt is þēs, þæt hē bebȳt ge windum ge sǣ, and hig him hȳrsumiað?

26. Þā rēowun hig tō Gerasenōrum rīce, þæt is foran ongēn Galilēam.

27. Þā hē tō lande cōm, him agēn' arn sum man, sē hæfde dēofolsēocnesse lange tīde, and næs mid nānum rēafe gescrȳdd, and ne mihte on hūse gewunian ac on byrgenum.

28. Þā hē geseah þone Hǣlend, hē āstrehte hyne tōforan him, and cwæþ mycelere stefne hrȳmende, Hwæt is mē and þē, lā, Hǣlend, þæs hēhstan Godes Sunu? Ic hālsige þē þæt ðū ne ðrēage mē.

29. Þā bēad hē þām unclǣnan gāste þæt hē of ðām men fērde. Sōþlīce lange tīde hē hyne gegrāp, and hē wæs mid racentēagum gebunden and mid fōtcopsum gehealden; and, tōborstenum bendum, hē wæs fram dēofle on wēsten gelǣdd.

30. Ðā āhsode sē Hǣlend hine, Hwæt is þīn nama? Þā cwæð hē, Legio, þæt is on ūre geþēode ēored; for þām þe manega dēoflu on hyne ēodun.

31. Þā bǣdon hig hine þæt hē him ne bude þæt hī on grund ne bescuton.

32. And þār wæs mycel heord swȳna on þām munte lǣsiendra; þā bǣdon hȳ þæt hē lȳfde him on þā gān; þā lȳfde hē him.

33. Þā ēodon hig of þām men on þā swȳn: þā fērde sēo heord mycelum rǣse on þone mere, and wearð þār ādruncen.

25. C, yrsumiað.   26. B, C, reow.   27. Corp, B, C, nanon.   28. Corp., B, C, þæne; A, stemne.   30. A, acsode; leio.   32. A, læswigende.   33. Corp., B, C, myculum; þæne.

VIII. 26-42.

34. Þā ðā hyrdas þæt gesāwon, þā flugon hig and cȳddon on þā ceastre and on tūnum.

35. Þā ēodon hig ūt þæt hig gesāwon þæt ðār geworden wæs; þā cōmon hig tō þām Hǣlende; þā fundon hig þone man þe dēofol of ēode, gescrȳddne and hālum mōde, æt his fōtum; and hig ādrēdon him.

36. Ðā cȳddon him þā ðe gesāwon hū hē wæs hāl geworden of ðām ēorede.

37. Þā bæd hine eall sēo menego þæs rīces Gerasenōrum þæt hē fram him gewite, for þām hig mycelum ege gehæfte wǣrun: ðā wende hē on scype agēn.

38. Þā bæd hyne sē man ðe sē dēofol of ēode þæt hē mid him wunede; þā forlēt sē Hǣlend hyne and cwæð tō him,

39. Wend tō þīnum hūse and cȳð hū mycel þē God gedōn hæfð. Ðā fērde hē intō eall þā ceastre and cȳðde hū mycel sē Hǣlend him gedōn hæfde.

Ðis [godspel] sceal on frīgedæg on þǣre pentecostenes wucan tō þām ymbrene.

40. Sōðlīce wæs geworden þā sē Hǣlend agēn cōm, sēo menegeo hine onfēng; ealle hig gebidon his.

41. And þā cōm ān man þæs nama wæs Iaīrus, sē wæs þǣre gesamnunge ealdor; ðā fēoll hē tō þæs Hǣlendes fōtum, and bæd hyne þæt hē fērde tō hys hūse;

42. for þām hē hæfde āne dohter, nēan twelfwintre, and sēo forðfērde. Þā gebyrede hyt þā hē fērde of ðām menegum hē wæs ofþrungen.

---

35. Corp., B, C, þæne; A, B, C, gescrydne.   36. A, eorode.
37. Corp., B, C, *om.* seo; A, geswencte (*for* gehæfte).   39. A, hæfð gedon.   41. Corp., B, C, fotun.   42. A, neah.

43. Ðā wæs sum wīf on blōdryne twęlf gēr; sēo fordǣlde on lǣcas eall þæt hēo āhte, and ne mihte þēah of ǣnegum bēon gehǣled.

44. Ðā genēalǣhte hēo wiðæftan, and æthrān hys rēafes fnæd: ðā ætstōd sōna þæs blōdes ryne.

45. Þā cwæð sē Hǣlend, Hwæt is sē ðe mē æthrān? Ðā hig ealle ætsōcon, þā cwæð Pētrus and þā ðe mid him wǣron, Ēalā, Hlāford, þās męnegeo þē ðringað and geswęncað, and þū sęgst, Hwā æthrān mē?

46. Þā cwæþ hē, Sum mē æthrān; ic wiste þæt mægen of mē ēode.

47. Ðā þæt wīf geseah þæt hit him næs dyrne, hēo cōm forht and āstręhte hig tō his fōtum, and geswutulude beforan eallum folce for hwylcum þinge hēo *hine* æthrān, and hū hēo wearð sōna hāl.

48. Þā cwæð hē tō hyre, Dohtor, þīn gelēafa þē hāle gedyde; gā nū on sybbe.

49. Him þā gȳt specendum, þā cōm sum man tō þǣre gesamnunge ealdre, and cwæð tō him, Ne dręce þū hyne.

50. Þā sē Hǣlend þæt word gehȳrde, hē andswarude þæs mǣdenes fæder, Ne ondrǣd þū ðē; gelȳf witodlīce, and hēo bið hāl.

51. And þā ðā hē tō þām hūse cōm, ne lēt hē nānne mid him in gān būton Pētrum, and Iōhannem, and Iācōbum, and þæs mǣdenes fæder, and hyre mōdor.

52. Þā wēopon hig ealle and hēofodon hī: ða cwæþ hē, Ne wēpe gē; sōðlīce nis þis mǣden dēad, ac hēo slǣpð.

53. Ðā tǣldon hig hyne, and wiston þæt hēo dēad wæs.

---

43. Corp., B, C, gehælyd. 45. Corp., hwa hwa. 47. A, geswutelode; Corp., B, C, heo hit (A, him) æthran. 50. Corp., wotodlice. 51. Corp., B, C, and þa ðe; A, nænne.

54. Ðā nam hē hyre hand, and cwæð, Mǣden, þē ic sęcge, Ārīs.

55. Þā gehwearf hyre gāst agēn, and hēo sōna ārās: and hē hēt hyre syllan etan.

56. Ðā wundredon hyre māgas: þā bēad hē þām þæt hī hit nānum męn ne sǣdon þæt þār gedōn wæs.

CHAPTER IX.

Ðys [godspel] sceal on þunresdæg on þǣre pentecostenes wucan.

1. Þā clypode hē tōgædere his twęlf apostolas, and sealde him mihte and anwealde ofer ealle dēofolsēocnessa, and þæt ādla hī gehǣldon.

2. And hē sęnde hig tō bodiańńe Godes rīce, and untrume gehǣlan.

3. Ðā cwæþ hē tō him, Ne nyme gē nān þing on wege, nē gyrde, nē codd, nē hlāf, nē feoh, nē gē nabbon twā tunecan.

4. And on swā hwylc hūs swā gē in gāð, wuniað þār oð þæt gē ūt gān.

5. And swā hwylce swā ēow ne onfōð, þonne gē of þǣre ceastre gāð, āsceacað ēower fōta dūst ofer hig on witnesse.

6. Ðā fērdon hig þurh þā burha, bodiende and ǣghwār hǣlende.

56. Corp., geden.
CHAP. IX. 1. A, hig adla. 2. A, bodigende (*for* to bodianne). 3. Corp., ne ge ne ge : C, nabban. 4. Corp., B, C, *om*. þæt. 6. Corp., B, C, burhga.

7. Þā gehȳrde Hērōdes, sē fēorðan dǣles rīca, ealle þā ðing þe be him wǣrun gewordene: ðā twȳnude him, for þām þe sume sǣdon þæt Iōhannes of dēaðe ārās.

8. Sume sǣdon þæt Helīas ætȳwde; sume þæt ān eald wītega ārās.

9. Ðā cwæþ Hērōdes, Iōhannem ic behēafdude: hwæt is þēs be þām ic þilc gehȳre? Ðā smēade hē þæt hē hine gesāwe.

10. Þā cȳddun him ðā apostolas swā hwæt swā hig dydon. Ðā nām hē hig, and fērde onsundron on wēste stōwe, sēo is Bethsāida.

11. Ðā ðā męnego þæt wiston, þā fyligdon hig him: þā onfēng hē hig and spæc tō him be Godes rīce, and þā hē gehǣlde ðe lācnunga beþorftun.

Ðis [godspel] sceal on wōdnesdæg on þǣre pentecostenes wucan tō þām ymbrene.

12. Þā gewāt sē dæg forð; and hig twęlfe him genēalǣhton, and sǣdon him, Lǣt þās męnego þæt hig farun on þās castelu and on þās tūnas þe hēr abūtan synt, and him męte findon, for þām þe wē synt hēr on wēstere stōwe.

13. Ðā cwæð hē tō him, Sylle gē him etan. Ðā cwǣdon hig, Wē nabbað būton fīf hlāfas and twēgen fixas, būton wē gān and ūs męte bicgon and eallum þissum werede.

14. Þār wǣron nēah fīf þusenda wera. Ðā cwæþ hē tō his leorningcnihtum, Dōþ þæt hig sitton, þurh gebēorscypas fīftegum.

15. And hig swā dydon, and hī ealle sǣton.

7. A, tweonode. 8. Corp., sume sǣdon eald. 10. C, him apostolas; A, onsundrum. 11. Corp., B, filidon; C, fylidon. 12. A, westre; C, westene. 13. A, þis (*for* þissum).

16. Ðā nām hē þā fīf hlāfas and þā twēgen fixas, and on þone heofon beseah, and blētsude hig, and bræc, and dǣlde his leorningcnihtum þæt hig āsętton hig beforan þām męnegum.

17. Þā ǣton hig ealle and wurdon gefyllede; and man nam þā gebrotu þe þār belifon, twęlf cȳpan fulle.

18. Ðā wæs geworden þā sē Hǣlend wæs āna hine gebiddende, hys leorningcnihtas wǣron mid him: þā āhsode hē hig, Hwæt sęgð þis folc þæt ic sȳ?

19. Ðā andswarudon hig and cwǣdon, Iōhannem Baptistam; sume, Hēlīam; sume, þæt sum wītega of ðām ealdum ārās.

20. Ðā sǣde hē him, Hwæt sęcge gē þæt ic sȳ? Þā andswarude Pētrus, Ðū eart Crīst, Godes sunu.

21. Ðā þrēade hē hig, and bēad þæt hig hit nānum męn ne sǣdon;

22. for þām þe hit gebyreð þæt mannes Sunu fela þinga þolige, and bēo āworpen fram ealdrum and ealdormannum and fram bōcerum, and bēo ofslęgen, and þriddan dæge *ārīse*.

23. Þā cwæð hē tō eallum, Gyf hwā wyle æfter mē cuman, ætsace hine sylfne, and nime his cwylminge and mē folgige.

24. Sē þe wyle hys sāwle hāle gedōn, sē hig forspilþ; witodlīce sē ðe his sāwle for mē forspilð, hē hī gehǣleð.

25. Hwæt fręmað ǣnegum męn þēah hē ealne middaneard on ǣht begite, and hyne sylfne forspille, and his forwyrd wyrce?

16. A, beseh.   17. A, læfde, *altered to* læfede, wæron (*for* belifon).   18. Corp., B, C, secgð.   19. Corp., B, C, Iohannes. 22. Corp., B, C, beon (*for last* beo); A, ofslagen; Corp., B, C, arisan; A, aryse.   23. A, folgie.   24. A, se hig gehælð. 25. A, -geard.

26. Sē ðe mē and mīne spǣca forsyhþ, þone mannes Sunu forsyhþ, þonne hē cymð on his mægenþrymme and hys Fæder and hālegra ęngla.

27. Ic sęcge ēow sōðlīce, Hēr synd sume standende þā dēade ne wurðaþ, ǣr hig Godes rīċe gesēon.

28. Ðā wæs geworden æfter þām wordum nēan eahta dagas, þæt hē nam Pētrum and Iōhannem and Iācōbum, and ēode on ānne munt þæt hē hyne gebǣde.

29. Þā hē hine gebæd, þā wæs hys ansȳn ōþres hīwes, and his ɪēaf hwīt scīnende.

30. Þā spǣcon twēgen weras wið hyne, Moyses and Hēlīas,

31. gesewene on mægenþrymme, and sǣdon his gewītendnesse þe hē tō gefyllenne wæs on Hierusalem.

32. Pētrus and þā þe mid him wǣron wurdon mid slǣpe gehęfegude; and þā hī onwæcnedun, hī gesāwun his mægenþrym and twēgen weras þe mid him stōdun.

33. And hī him fram ēodun; Pētrus cwæð tō him, Ēalā Bebēodend, gōd is þæt wē hēr bēon, and uton wyrcan þrēo eardungstōwa, āne þē, and āne Moyse, and āne Hēlīe: and hē nyste hwæt hē cwæð.

34. Ðā hē þis spæc, ðā wearð genip, and ofersceadude hig: and hī ondrēdon him, gangende on þæt genip.

35. Ðā cōm stefen of þām genipe and cwæð, Þēs ys mīn lēofa Sunu, gehȳrað hyne.

36. Ðā sēo stefn wæs gehȳred, þā wæs sē Hǣlend gemētt āna. And hī suwodun and ne sǣdun nānum męn on þām dagum nān þing þæs ðe hī gesāwun.

26. Corp., B, C, þæne. 28. A, neah ehta. 31. A, gesawene; gewytnesse; Corp., B, C, to gefyllende. 33. Corp., B, C, hęlie. 34. A, þa he cwæð þis. 35. C, leafa.

37. Ōðrum dæge, him of þām munte farendum, him agēn arn mycel męnego.

38. Þā clypode ān wer of þǣre męnego and cwæð, Lārēow, ic hālsie þē geseoh mīnne sunu, forþām hē is mīn ānlīca sunu:

39. and nū sē unclǣna gāst hine æthrīnð, and hē fǣrlīce hrȳmð; and fornimð hyne and fǣmð, and hyne tyrð and slīt.

40. And ic bæd þīne leorningcnihtas þæt hig hine ūt ādrifon, and hig ne mihton.

41. Þā cwæð sē Hǣlend him tō andsware, Ēalā ungelēafulle and þwure cnēores, swā lange swā ic bēo mid ēow and ēow þolie? Lǣd hider þīnne sunu.

42. And þā hē hyne lǣdde him tō, sē dēofol hine fornam and fordyde. Ðā nȳdde sē Hǣlend þone unclǣnan gāst ūt, and gehǣlde þone cnapan, and āgef hine his fæder.

43. Þā wundredon hig ealle be Godes mǣrðe. And eallum wundriendum be þām þingum þe gewurdun, hē cwæð tō his leorningcnihtum,

44. Āsęttað þās spǣca on ēowrum heortum: hit ys tōwerd þæt mannes Sunu sī geseald on manna handa.

45. Ðā þōhton hig þis word, and hit wæs bewrigen beforan him þæt hī hit ne ongēton: and hī ne dorston hine be þām worde āhsian.

46. Sōðlīce þæt geþanc ēode on hig, hwylc hyra yldest wǣre.

47. Ðā sē Hǣlend geseh hyra heortan geþancas, hē gesętte þone cnapan wiþ hine,

38. A, halsige; ænega (*for* anlica). 41. A, þweore
42. Corp., B, C, þæne (*second time*); A, ageaf. 44. A, sprǣca; toweard. 45. A, ongeaton; acsian. 47. A, geseah; Corp., B, C, þæne.

48. and cwæþ tō him, Sē þe þysne cnapan on mīnum naman onfēhð, sē mē onfēhð; and sē þe mē onfēhð, hē onfēhð þone þe mē sęnde: witudlīce sē ðe is læst betwex ēow ealle, sē is māra.

49. Ðā andswarode Iōhannes, Bebēodend, wē gesāwon sumne on þīnum naman dēofolsēocnessa ūt drīfende, and wē hine forbudon, for þām hē mid ūs ne fyligð.

50. Ðā cwæð hē, Ne fórbēode gē: sē ðe nis ongēn ēow, sē is for ēow.

51. Sōðlīce wæs geworden þā his *andfęnges* dagas wǣron gefyllede, hē getrymede hys ansȳne þæt hē fērde tō Hierusalem.

52. Ðā sęnde hē bodan beforan his ansȳne; þā ēodon hig on þā ceastre Samarītānōrum, þæt hī him gegearwodon.

53. And hig ne onfēngon hine, for þām þe hē wolde faran tō Hierusalem.

54. Ðā his leorningcnihtas þæt gesāwon, Iācōbus and Iōhannes, þā cwǣdon hig, Drihten, wyltū wē sęcgað þæt fȳr cume of heofone and fornime hig?

55. And hine bewęnd, hē hig þrēade.

56. And hig fērdon on ōþer castel.

57. Ðā hī fērdon on wege, sum him tō cwæð, Ic fylige þē swā hwyder swā þū færst.

58. Ðā cwæþ sē Hǣlend, Foxas habbað holu, and heofones fuglas nest; sōðlīce mannes Sunu næfþ hwār hē hys hēafod āhylde.

59. Ðā cwæþ hē tō ōðrum, Filig mē. Ðā cwæþ hē, Drihten, ālȳf mē ǣryst bebyrigean mīnne fæder.

48. Corp., B, C, þæne; A, betweox.   49. A, adryfende; Corp., fylygð.   50. A, ongean.   51. MSS., andfenga.   54. A, wylt þu.   55. Corp., bewende; A, and he hyne bewende and hig þreade.   58. Corp., B, C, nestþ.   59. A, fylig; ærest; B, C, byrigean; A, byrian.

60. Ðā cwæþ sē Hǣlend, Lǣt þā ḏēadan byrigan hyra dēadan; gā ðū and boda Godes rīce.

61. Ðā cwæð ōðer, Ic fylige þē, Drihten; ac lǣt mē ǣryst hit cȳpan þām ðe æt hām synt.

62. Ðā cwæþ sē Hǣlend him tō, Nān mann þe hys hand āsętt on hys sulh, and onbæc besyhð nys andfęnge Godes rīce.

CHAPTER X.

Ðis godspel sceal tō ānes apostoles mæssan.

1. ÆFTER þām sē Hǣlend gemearcude ōðre twā and hundseofantig, and sęnde hig twām beforan his ansȳne on ǣlce ceastre and stōwe þe hē tō cumenne wæs.

2. And cwæð tō him, Hēr is mycel rip, and fēawa wyrhtan: biddað þæs ripes Hlāford, þæt hē sęnde wyrhtan tō his ripe.

3. Farað nū: nū ic ēow sęnde swā swā lamb betwux wulfas.

4. Ne bere gē sacc, nē codd, nē gescȳ, nē nānne man be wege ne grētað.

5. On swā hwylc hūs swā gē in gāð, cweðaþ ǣryst, Sıb sī þisse hīwrǣdenne.

6. And gyf þār bēoð sybbe bearn, ręste þār ēower sib; gif hit ęlles sȳ, hēo sȳ tō ēow gecyrred.

---

60. Corp., B, C, þa dead; A, byrgean.   61. A, ǣrest. 62. A, ryces.

CHAP. X. 2. A, feawa wyrhtena.   4. A, gescig; nænne. 5. A, ǣrest; Corp., C, hiwræddene; A, hywrædene.   6. A, gesibbe.

7. Wunigað on þām ylcan hūse, and etað and drincað þā þing þe hig habbað: sōðlīce sē wyrhta is his mēde wyrðe. Ne fare gē fram hūse tō hūse.

8. Ac on swā hwylce ceastre swā gē in gāð, and hig ēow onfōð, etað þæt ēow tōforan āsęt ys;

9. and gehǣlað þā untruman þe on þām hūse synt, and sęcgað him, Godes rīce tō ēow genēalǣcð.

10. On swā hwylce ceastre swā gē in gāð, and hig ne onfōð ēow, gāþ on hyra strǣta and cweðaþ,

11. Þæt dūst þæt of ēowre ceastre on ūrum fōtum clifode, wē drīgeaþ on ēow: witað þēah þæt Godes rīce genēalǣcð.

12. Ic ēow sęcge, þæt Sodomwarum on þām dæge bið forgyfenlīcre þonne þǣre ceastre.

13. Wā þē, Corōzam! wā þē, Bethsāida! for þām gif on Tyro and on Sīdōne gewordene wǣron þā *mægenu* þe on ēow gedōne synt, gefyrn hig on hǣran and on axan hrēowsunge dydon.

14. Ðēah hwæþere Tiro and Sȳdōne on þām dæge byð forgyfenlīcre þonne ēow.

15. And þū, Cafarnaum, oð heofon ūp āhafen, þū byst oþ hęlle gesęnced.

16. Mē gehȳrð, sē ðe ēow gehȳrð; and mē oferhogaþ, sē ðe ēow oferhogað; sē þe mē oferhogað, hē oferhogað þone þe mē sęnde.

17. Ðā gecyrdon þā twā and hundseofantig mid gefēan, and cwǣdon, Drihten, dēofolsēocnessa ūs synt on þīnum naman underþēodde.

---

8. A, hwylcere. B, C, -waron. mænegu; haran. A, B, C, besenced.
10. B, C, cestre.
13. A, corozaim; Corp., B, C, menegu; A,
14. A, *om*. dæge.
16. Corp., þæne.
11. A, driað.
15. A, capharnaum;
12. Corp.,

18. Ðā sǣde hē him, Ic geseah Sātanan swā swā līgræsc of heofone feallende.

19. And nū ic sealde ēow anweald tō tredenne ofer nǣddran and snacan, and ofer ǣlc fēondes mægen: and nān þing ēow ne derað.

20. Þēah hwæðere ne blissige gē on þām þe ēow synt gāstas underþēodde; geblissiað þæt ēower naman synt on heofonum āwritene.

21. On þǣre tīde hē on Hālgum Gāste geblissode, and cwæð, Ic andette þē, Fæder, Drihten heofones and eorðan, for þām þe ðū þās ðing wīsum and glēawum behȳddest, and lȳtlingum āwruge, for þām hit beforan þē swā gelīcode.

22. Ealle þing mē synt fram mīnum Fæder gesealde: and nān man nāt hwylc is sē Sunu, būton sē Fæder; nē hwylc sī *sē* Fæder, būton sē Sunu, and sē ðe sē Sunu hit āwrēon wyle.

Ðis [godspel] sceal on þǣre fēowerteoðan wucan ofer pentecosten.

23. Þā cwæþ hē tō his leorningcnihtum bewend, Ēadige synt þā ēagan þe gesēoð þā ðing þe gē gesēoð:

24. sōðlīce ic ēow secge, þæt manega wītegan and cyningas woldon gesēon þæt gē gesēoþ, and hig hit ne gesāwon; and woldon gehȳran þæt gē gehȳraþ, and hig hit ne gehȳrdon.

25. Ðā ārās sum ǣglēaw man and fandode his, and cwæð, Lārēow, hwæt dō ic þæt ic ēce līf hæbbe?

26. Ðā cwæþ hē tō him, Hwæt is gewriten on þǣre ǣ? hū rǣtst þū?

27. Ðā andswarude hē, Lufa Drihten þīnne God of ealre þīnre heortan, and of ealre þīnre sāwle, and of eallum

18. A, ligetræsct.   21. Corp., B, C, andete.   22. MSS., ðe (*for* se); A, onwreon).   25. Corp., B, æglǣw.   26. A, rǣddest.

þīnum mihtum, and of eallum þīnum mægene; and þīnne nēhstan swā ðē sylfne.

28. Þā cwæð hē, Rihte þū andswarodest; dō þæt, þonne leofast þū.

29. Ðā cwæþ hē tō þām Hǣlende, and wolde hine sylfne gerihtwīsian, And hwylc is mīn nēhsta?

30. Ðā cwæþ sē Hǣlend, hine ūp beseonde, Sum man fērde fram Hierusalem tō Hiericho, and becōm on ðā sceaðan; þā hine bereafodon and tintregodon hine, and forlēton hine sāmcucene.

31. Þā gebyrode hit þæt sum sācerd fērde on þām ylcan wege, and þā hē þæt geseah, hē hine forbēah.

32. And eall swā sē dīacon, þā hē wæs wið þā stōwe and þæt geseah, hē hyne ēac forbēah.

33. Ðā fērde sum Samarītānisc man wið hine; þā hē hine geseah, þā wearð hē mid mildheortnesse ofer hine āstyred:

34. þā geneālǣhte hē, and wrāð his wunda and on *ágēat* ele and wīn, and hine on hys nȳten sette, and gelǣdde on his lǣcehūs and hine lācnude;

35. and brōhte ōðrum dæge twēgen penegas, and sealde þām lǣce, and þus cwæð, Begȳm hys, and swā hwæt swā þū māre tō gedēst, þonne ic cume, ic hit forgylde þē.

36. Hwylc þāra þrēora þyncð þē þæt sȳ þæs mǣg þe on ðā sceaðan befēoll?

37. Ðā cwæð hē, Sē ðe him mildheortnesse on dyde. Ðā cwæð sē Hǣlend, Gā and dō eall swā.

27. A, mægne. 28. A, lyfast. 31. Corp., forbeh; B, C, forbieh. 32. A, deacon; *om.* eac. 34. Corp., on aget; B, onget; C, on agen; A, ongeat; A, win and ele; asette; gelacnode. 35. A, *om.* þe.

Ðys [godspel] sceal tō assumptiōne Sancte Marīe, and sæterndagum be Marīa.

38. Sōðlīce hit wæs geworden þā hig férdon, sē Hǣlend ēode on sum castel, and sum wīf, on naman Martha, onfēng hyne on hyre hūs.

39. And þǣre swustur wæs Marīa, sēo ēac sæt wið þæs Hǣlendes fēt, and his word gehȳrde.

40. Sōþlīce Martha geornlīce him þēnode; þā stōd hēo and cwæþ, Drihten, nis þē nān caru þæt mīn swustur lēt mē *ānlīpige* þēnian? sęge hyre þæt hēo fylste mē.

41. Ðā cwæþ sē Hǣlend, Martha, Martha, geornfull þū eart, and embe fela þinga gedrēfed:

42. gewislīce ān þing is nīedbehēfe : Marīa gecēas þone sēlestan dǣl, sē hyre ne byð āfyrred.

CHAPTER XI.

1. Sōðlīce wæs geworden þā hē wæs on sumere stōwe hine gebiddende, þā þā hē geswāc, him tō cwæþ ān his leorningcnihta, Drihten, lǣr ūs ūs gebiddan, swā Iōhannes his leorningcnihtas lǣrde.

2. Ðā cwæþ hē tō him, Cweðað þus þonne gē ēow gebiddað, Ūre Fæder þū ðe on heofone eart, sī þīn nama gehālgod. Tōcume þīn rīce. Gewurðe ðīn willa on heofone and on eorþan.

3. Syle ūs tō dæg ūrne dæghwāmlīcan hlāf.

4. And forgyf ūs ūre gyltas, swā wē forgyfað ǣlcum

38. A, seo wæs on naman. 39. A, swuster. 40. A, eornlīce; swuster; Corp., ænlipie; B, C, ænlypie; A, ænlypige. 42. A, nydbehefe; Corp., B, C, geces þæne.

CHAP. XI. 2. A, heofenum; geweorðe.

þāra þe wiðð ūs āgyltað. And ne lǣd þū ūs on costunge, ac ālȳs ūs from yfele.

Ðis [godspel] sceal tō gangdagon *þā* twêgen dagas.

5. Ðā cwæþ hē tō him, Hwylc ēower hæfð sumne frēond, and gǣþ tō midre nihte tō him, and cwæð tō him, Lā frēond, lǣn mē þrȳ hlāfas;

6. for þām mīn frēond cōm of wege tō mē, and ic næbbe hwæt ic him tōforan lęcge;

7. And hē þonne him þus andswarige, Ne bēo þū mē gram, nū mīn duru is belocen, and mīne cnihtas synt on ręste mid mē; ne mæg ic ārīsan nū and syllan þē?

8. Gyf hē þonne þurhwunað cnūciende, ic ēow sęcge gyf hē [ne] ārīst and him sylð þonne for þām þe hē his frēond ys, þēah hwæþere for hys onhrōpe hē ārīst and sylð him his nēode.

9. And ic ēow sęcge, Biddað, and ēow byð seald; sēcað, and gē findað; cnūciað, and ēow byð untȳned.

10. Ǣlc þāra þe bitt, onfēhð; and sē ðe sēcð, hē fint; and cnūciendum byð untȳned.

11. Hwylc ēower bitt his fæder hlāfes, sęgst þū sylð hē him stān? oððe gif hē bit fisces, sylð hē him næddran for fisce?

12. Oððe gyf hē bit ǣg, sęgst þū rǣcð hē him scorpiōnem, þæt is ān wyrmcynn?

13. Witodlīce gyf gē þonne þe synt yfele, cunnun syllan gōde sylene ēowrum bearnum, swā mycele mā ēower Fæder of heofone sylð Gōdne Gāst þām þe hyne biddað.

4. A, B, C, agylt; A, costnunge. Rubric. MS. þæge (*for* þa).
7. A, cnihtas *glossed* cnapa.   8. Corp., B, C, cnucigiende.
9. A, geseald; ontyned.   10. B, C, cnucigendum; A, ontyned.
12. A, wyrmcynn *glossed* .i. þrowend.   13. Corp., he (*for* ge); A, on heofenum.

Ðis godspel gebyraðˈ on þone þryddan sunnandæg innan lęnctene.

14. Ðā wæs sē Hǣlend ūt ādrīfende sume dēofol-sēocnysse, and sēo wæs dumb. And þā hē ūt drāf þā dēofolsēocnesse, þā spræc sē dumba, and þā mę̄nego wundredon.

15. Sume cwǣdon, On Belzebub, dēofla ealdre, hē ūt ādrīfð þā dēofolsēocnessa.

16. And sume his fandodon, and gyrndon of heofone tācnys of him.

17. Ðā hē ġeseah hyra geðancas, hē cwæð, Ǣlc rīce on hyt sylf tōdǣled byð tōworpen, and þæt hūs ofer þæt hūs fealð.

18. Gyf Sātanas is tōdǣled on hine sylfne, hū stęnt his rīce? for þām þe gē sęcgað þæt ic on Belzebub dēofol-sēocnessa ūt ādrīfe.

19. Gif ic on Belzebub dēofla ūt drīfe, on hwām ūt ādrīfað ēower bearn? for þām hig bēoð ēowere dēman.

20. Gewislīce gif ic on Godes fingre dēofla ūt ādrīfe, eallunga Godes rīce on ēow becymð.

21. Ðonne sē stranga gewǣpnud his cafertūn gehealt, þonne bēoð on sibbe þā ðing þe hē āh.

22. Gyf þonne stręngra ofer hine cymð, and hine ofer-winð, ealle his wǣpnu þe hē on trūwude hē him āfyrð, and tōdǣlþ his hęrerēaf.

23. Sē þe nis mid mē, sē is ongēn mē; and sē þe ne gaderað mid mē, sē hit tōstrēt.

24. Ðonne sē unclǣna gāst gǣð of þām męn, hē gǣð þurh unwǣterige stōwa, ręste sēcende, and nāne ne gemēt; þonne cwyð hē, Ic gewęnde eft tō mīnum hūse þe ic of ēode.

15. A, belzebub *altered to* beelzebub.   17. A, and toworpen; fealleð.   18. A, stynt; belzebub *altered to* beelzebub.   19. A, deoflu ut adryfe.   21. A, gewæpneda.   22. A, oferswyð (*for* oferwinð); B, C, oferswið.   24. Corp., B, C, unwæterie.

25. And þonne hē cymð, hē hit gemēt ǣmtig mid besmum āfeormod.

26. Þonne gǣð hē and nimð seofan ōðre gāstas, wyrsan þonne hē, and [hī] ingāð, and þār eardiað: þonne synt þæs mannes endas wyrsan þām ærrum.

27. Sōðlīce wæs geworden þā hē ðis sǣde, sum wīf him tō cwæþ, Ēadig is sē innoð þe þē bær, and þā brēost þe ðū sūce.

28. Ðā cwæð hē, Ēadig synt þā ðe Godes word gehȳrað, and þæt gehealdaþ.

29. Ðā hyra manega tōgædere cōmon, hē cwæþ tō him, Ðēos cnēorys is mānfull cnēorys: hēo sēcð tācen, and hyre ne bið nān geseald, būton Iōnan tācen.

30. Swā swā Iōna wæs tācen Niniuētum, swā bið mannes Sunu tācen þisse cnēorisse.

31. Sūþdǣles cwēn ārīst on dōme mid þisse cnēorysse mannum, and genyðerað hig, for þām þe hēo cōm of eorðan endum tō gehȳranne Salomōnes wīsdōm; and efne þēs is māra þonne Salomon.

32. Niniuētisce men ārīsaþ on dōme mid þisse cnēorysse, and genyðeriað hig, for þām þe hig dǣdbōte dydon æt Iōnan bodunge; and þēs is māra þonne Iōna.

33. Ne onǣlþ nān man his lēohtfæt, and sett on dīglum, nē under bydene, ac ofer candelstæf, þæt ðā þe in gāð lēoht gesēon.

34. Ðīn ēage is þīnes līchaman lēohtfæt: gif þīn ēage bið hlūttor, ðonne bið eall þīn līchama beorht; gif hit byð deorc, eall þīn līchama byð þȳstre.

35. Warna þæt þæt lēoht þe ðē on is, ne sȳn þȳstru.

36. Gyf þīn līchama eall bið beorht, and næfð nānne

---

25. Corp., B, C, þænne.   32. Corp., B, C, ionam; A, and ionan (*for* æt Ionan).

dǣl þӯstra, þonne byð hē eall beorht, and þē onlȳht swā
þæt lēohtfæt þæs līgræsces.

<small>Ðys godspel gebyrað on frīgedæg on þǣre tēoðan wucan ofer
pentecosten.</small>

37. Þā bæd hine sum Farisēisc man þæt hē ǣte mid
him ; and hē in ēode and sæt.

38. Ðā ongan sē Farisēisca on him smēagan, and
cweðan, hwī hē geþwogen nǣre ǣr his gereorde.

39. Ðā cwæð Drihten tō him, Nū gē Farisēi þæt ūte is
calices and disces geclǣnsiað, þæt ēow innan is þæt is full
rēaflāces and unrihtwīsnesse.

40. Lā dysegan, hū ne worhte þæt þæt inne is sē ðe
worhte þæt ūte is?

41. þēah hwæþere þæt tō lāfe is syllað ælmessan, þonne
bēoð ēow ealle þing clǣne.

42. Ac wā ēow Farisēum! gē þe tēoþiað mintan and
rudan and ælce wyrte, and gē forbūgað dōm and Godes
lufe: þās þing ēow gebyrede tō dōnne, and þā þing ne
forlǣtan.

43. Wā ēow Farisēum! gē þe lufiað þā forman hēah-
setl on gesamnungum, and grētinga on strǣte.

44. Wā ēow! for þām þe gē synt swylce þā byrgena þe
man innan ne scēawað, and þā men nyton þe him onufan
gāð.

45. Ðā answarode him sum ǣglēaw, Lārēow, tēonan
þū wyrcst ūs mid þisse sage.

46. Þā cwæð hē, Wā ēow ǣglēawum! for þām þe gē

<small>37. A, phariseisc.   38. A, phariseisca; geþwagen.   39. A,
pharisei; ynne; Corp., B, C, reaflace.   42. A, phariseum.
43. A, hehsetl; strætum.   45. Corp., B, C, wyrhcst; A,
om. us.</small>

sȳmað męn mid þām byrþenum þe hig āberan ne magon, and gē ne āhrīnaþ þā sēamas mid ēowrum ānum fingre.

47. Wā ēow! gē þe timbriað wītegena byrgena; ēower fæderas hig ofslōgon.

48. Eallunga gē cȳðað and gē þafiað ēower fædera weorcum: for þām hig ofslōgon hig, and gē timbriað hira byrgena.

49. For þām cwæð Godes wīsdōm, Ić sęnde tō him wītegan and apostolas, and hig ofslēað hig and ēhtað;

50. þæt ealra wītegena blōd sȳ gesōht, þe wæs āgoten of middangeardes fruman, fram þisse cnēorysse;

51. from Abēles blōde oð *Zacharīas* blōd, sē forwearð betwux þām altare and þām temple: ic ēow secge, Swā bið gesōht fram þisse cnēorysse.

52. Wā ēow æglēawum! for þām þe gē ætbrūdun þæs ingehȳdes cǣge: gē in ne ēodun, and gē forbudon þā þe in ēodùn.

53. Ðā hē him þis tō cwæð, þā ongunnun ðā Farisēi and þā æglēawan hęfiglīce him agēn standan, and his mūð dyttan;

54. and embe hĭne syrwan, sēcende sum þing of his mūðe þæt hig hine wrēgdun.

CHAPTER XII.

1. Mycelum weredum him embe standendum, þæt hig hine trædun, ðā cwæð hē tō his leorningcnihtum, Warniað wið Farisēa lāre, þæt is līcetung.

50. A, myddaneardes. 51. MSS., zachariam; Corp., betux; A. betweox. 52. A, ge ne forbudon. 53. Corp., B, C, hefilice. 54. A, syrwdon.
Chap. XII. 1. A, licetung *altered to* liccetung.

2. Sōðlīce nis nān þing oferheled, þe ne bēo unheled; nē behȳdd, þæt ne sȳ witen.

3. For þām þe þæt gē sęcgað on þȳstrum, bēoð on lēohte sæde; and þæt gē on ēarum spræcun on będdcofum, bið on hrōfum bodud.

4. Ic sęcge ēow mīnum frēondum, Ne bēo gē brēgede fram þām þe þone līchaman ofslēað, and nabbað syþþan hwæt hig mā dōn.

5. Ic ēow ætȳwe hwæne gē ondrædon: ādrædað þone þe anweald hæfð, seððan hē ofslyhð, on hęlle āsęndan; þus ic ēow sęcge, ādrædað þone.

6. Ne becȳpað hig fīf spearwan tō helflinge? and ān nis of þām ofergyten beforan Gōde.

7. Ac ealle ēowres hēafdes loccas synt getealde. Ne ādræde gē ēow: gē synt bęteran manegum spearwum.

8. Sōðlīce ic ēow sęcge, swā hwylc swā mē andet beforan mannum, þone mannes Sunu andet beforan Godes ęnglum.

9. Sē þe mē wiðsæcð beforan mannum, sē byð wiðsacen beforan Godes ęnglum.

10. And ælc þe sęgð ænig word agēn mannes Sunu, þām bið forgyfen; þām þe wiðersacað ongēn Hāligne Gāst, ne bið þām forgyfen.

Ðis [godspel] sceal on frīgedæg ofer pentecosten.

11. Þonne hig lædað ēow on gesamnunga and tō dugeðe ealdrum and tō anwealdum, ne bēo gē *embeþęncende* hū oððe hwæt gē specon oððe andswarian:

3. A, gearum (*for* earum).   4. Corp., B, C, bregyde; A, beoð ge bregede.   5. Corp., ondredon; A, ondrædað; syððan.
6. ælflinge (*for* helflinge).   7. A, ondræde.   8. A, anddett; andett.   11. Corp., B, C, -þencynde; A, ymbe-.

12. Hālig Gāst ēow lǣrð on þǣre tīde þā þing þe ēow specan gebyrað.

13. Ðā cwæð sum of þām menegum, Lārēow, sege mīnum brēðer þæt hē dǣle uncer ǣhta wið mē.

14. Ðā cwæð hē, Lā man, hwā sette mē dēman oððe dǣlend ofer inc?

15. Þā cwæð hē, Gȳmað and warniað wið ǣlce gȳtsunge; for þām þe nys nānes mannes līf on gȳtsunge of þām þe hē āh.

16. Ðā sǣde hē him sum bigspel: Sumes weliges mannes æcer brōhte forð gōde wæstmas;

17. þā ðōhte hē on him sylfum, and cwæð, Hwæt dō ic for þām ic næbbe hwyder ic mīne wæstmas gaderige.

18. Ðā cwæð hē, Þus ic dō: ic tōwurpe mīne bernu, and ic wyrce māran, and ic gaderige þyder eall þæt mē gewexen ys, and mīne gōd.

19. And ic secge mīnre sāwle, Ēalā sāwel, þū hæfst mycele gōd āsette tō manegum gēarum, gerest þē, et, and drinc, and gewista.

20. Ðā cwæð God tō him, Lā dysega, on þisse nihte hig feccað þīne sāwle fram þē; hwæs bēoð þā ðing þe ðū gegearwudest?

21. Swā is sē ðe him sylfum strȳnð, and nis welig mid Gode.

22. Þā cwæð hē tō his leorningcnihtum, For þām ic ēow secge, Ne bēo gē ymbehȳdige ēowre sāwle, hwæt gē etan; nē ēowrum līchaman, hwæt gē scrȳdun.

23. Sēo sāwul ys mā þonne sē līchama; and sē līchama, mā þonne þæt rēaf.

15. A, for þam nys.   17. Corp., B, C, gadrige.   18. A, berenu; gaderie; geweaxen.   19. A, gereste.   23. A, lychama ys mare.

24. Besceawiað þā hrefnas, þæt hig ne sāwað nē ne rīpað; nabbað hig hēddern nē bern, ac God hig fētt: þæs þē mā gē synt hyra sēlran.

25. Hwylc ēower mæg þencende īcan āne elne tō his anlīcnesse?

26. Gyf gē þæt læsse ne magon, hwȳ synt gē be ōðrum þingum ymbehȳdige?

27. Scēawiaþ þā lilian, hū hī wexað: hī ne swincað nē ne spinnað; sōðlīce ic ēow secge þæt Salomon on eallum hys wuldre næs gescrȳdd swā þissa ān.

28. Gyf God scrȳtt þæt hīg, ðe ys tō dæg on'æcere and tō morgen forscrincð; swā mycele mā God scrȳt ēow, gehwædes gelēafan!

29. And nelle gē sēcean hwæt gē eton, oððe drincon, and ne bēo gē ūp āhafene.

30. Ealle þās þing þēoda sēceað; ēower Fæder wāt þæt gē þises beþurfon.

31. Þēah hwæþere sēceað Godes rīce, and ealle þās þing ēow bēoþ geīhte.

32. Ne ondræd þū þē, lā lȳtle heord, for þām ēowrum Fæder gelīcode ēow rīce syllan.

33. Syllaþ þæt gē āgon, and syllað ælmessan; wyrcað sēodas, þā ðe ne forealdigeað, ungeteorudne goldhord on heofenum, þyder ðēof ne genēalæcð nē moððe ne gewēmð.

34. Ðār ēower goldhord is, þār byð ēower heorte.

Ðis godspel gebyrað tō mæniges confessōres mæssedæge.

35. Sīn ēower lendenu begyrde, and lēohtfatu byrnende;

24. B, C, Bescewiað; A, beren.   25. A, geycan (*for* ican).
28. A, to mergen.   29. A, secan; etan; dryncan; ahafen.
31. A, geyhte; B, C, geicte.   33. Corp., ne ne moððe ne.

36. and bēo gē gelīce þām mannum þe hyra hlāfordes ābīdaðhwænne hē sȳ fram gyftum gecyrred, þæt hig him sōna ontȳnon þonne hē cymð and cnūcað.

37. Ēadige synt þā þēowas þe sē hlāford wæccende gemēt þonne hē cymð; sōðlīce ic ēow secge þæt hē begyrt hine, and dēð þæt hig sittað, and gangende him þēnað.

38. And gif hē cymð on þǣre æfteran wæccan, oððe on þǣre þriddan, and [hī] þus gemēt, ēadige synt þā þēowas.

39. Witað þæt gif sē hīrēdes ealdor wiste hwænne sē þēof cuman wolde, witodlīce hē wacude, and ne geþafude þæt man his hūs underdulfe.

40. And bēo gē wǣre, for þām þe mannes Sunu cymð þǣre tīde þe gē ne wēnað.

41. Þā cwæð Pētrus, Drihten, segst þū þis bigspell tō ūs, hwæþer þe tō eallum?

42. Ða cwæð Drihten, Hwā wēnst þū þæt sȳ getrȳwe and glēaw dihtnere, þone sē hlāford geset ofer hys hīrēd þæt hē him hwǣtes gemet on tīman sylle?

43. Ēadig is sē þēow þe his hlāford gemēt þus dōndne þonne hē cymð.

44. Sōðlīce ic secge ēow þæt he gesett hine ofer eall þæt hē āh.

45. Gyf þonne sē þēow cwyð on hys heortan, Mīn hlāford uferað hys cyme; and āgynð bēatan þa cnihtas and þā þīnena, and etan and drincan and bēon oferdruncen;

46. þonne cymþ þæs þēowan hlāford on þām dæge þe

---

36. Corp., B, C, beo gelice. 42. A, B, C, ys (*for* sy); Corp., B, C, þæne. 43. Corp., A, donde. 44. A, gesette.
45. A, etað and dryncað and beoð oferdruncene.

hē ne wēnð, and þǣre tīde þe hē nāt, and tōdǣlþ hine, and sętt his dǣl mid þām ungetrēowum.

47. Sōþlīce þone þēow þe his hlāfordes willan wiste, and ne dyde æfter his hlāfordes willan, hē biþ wītnad manegum wītum.

48. Ðone þēow þe his willan nyste, and þēah dyde, hē bið wītnad feawum wītum: ǣlcum þe mycel geseald is, him man mycel tō sēcð; and æt þām þe hig micel befǣstun, hig mycel biddað.

49. Fȳr ic sęnde on eorþan; and hwæt wylle ic būton þæt hit bærne?

50. Ic hæbbe on fulluhte bēon gefullod, and hū bēo ic geþrēad oð hyt sȳ gefylled!

51. [Wēne gē] for þām þe ic cōm sybbe on eorþan sęndan? ne sęcge ic ēow, ac tōdāl.

52. Heonon forð bēoð fīfe on ānum hūse tōdǣlede, þrȳ on twēgen, and twēgen on þrȳ.

53. Bēoð tōdǣlede fæder on sunu, and sunu on his fæder; mōdor on dohtor, and dohtor on hyre mōdor; swegr on hyre snore, and snoru on hyre swegere.

54. And hē cwæþ tō þām folce, Þonne gē gesēoð þā lyfte cumende on westdǣle, sōna gē cweðað, Storm cymð; and hit swā byð.

55. And þonne gē gesēoð sūðan blāwan, gē sęcgaþ, Þæt is tōwerd; and hit byð.

56. Lā līceteras, cunne gē āfandian heofones ansȳne and eorþan; hūmeta nā āfandige gē þās tīde?

57. Hwī ne dēme gē of ēow sylfum þæt riht is?

47. Corp., B, C, þæne.   48. Corp., bit (*for* bið).   49. A, byrne.   50. MSS., and wene ge hu; Corp., B, C, gefyllyd (*second* y *erased in* B.   53. A, *om.* his; moder on dehter and dohter on hyre moder; sweger; swegre.   56. A, ne afandie.

58. Ðonne þū gǣst on wege mid þīnum wiðerwinnan tō hwylcum ealdre, dō þæt ðū bēo fram him ālȳsed; þē lǣs hē þē sylle þām dēman, and sē dēma þām bydele, and sē bydel þē sęnde on cwertern.

59. Ic sęcge þē, Ne gǣst þū þanone ǣr þū āgylde þone ȳtemystan fēorðling.

CHAPTER XIII.

1. ÞĀR wǣron sume on þǣre tīde of Galilēum him cȳþende, þāra blōd Pīlātus męngde mid hyra offrungum.

2. Þā cwæð hę̄ him andswarigende, Wēne gē wǣron þā Galilēiscan synfulle tōforan eallum Galilēiscum, for þām þe hig swylc þoledon?

3. Ne, sęcge ic, nā; ac ealle gē gelīce forwurðaþ, būton gē dǣdbōte dōn.

4. Swā þā ehtatȳne, ofer þā fēoll sē stypel on Silōa, and hig ofslōh, wēne gē þæt hig wǣron scyldige ofer ealle męnn þe on Hierusalem wunedon?

5. Ne, sęcge ic; ac swā gē forwurðaþ, buton gē dǣdbōte dōn.

Ðis godspel sceal tō þām ymbrene innan hærefeste on sæterndæg.

6. Ðā sǣde hē him þis bigspel: Sum man hæfde ān fīctrēow geplantod on his wīngearde; þā cōm hē and sōhte his wæstmas on him, þā ne funde hē nānne.

7. Þā cwæð hē tō þām hyrde, Nū synt þrēo gēr syðþan

---

58. A, cweartern.   59. A, þanene; C, þanon.
CHAP. XIII.   2. A, swylic.   3. A, eac (*for* ac).   4. A, syloe.   5. A, dedbote.   6. B, C, Ða sæde hi.

ic cōm wæstm sēcende on þissum fīctrēowe, and ic ne funde: forceorf hine; hwī ofþricð hē þæt land?

8. Ða cwæð hē, Hlāford, læt hine gȳt þis gēar, oð ic hine bedelfe and ic hine bewurpe mid meoxe,

9. and witodlīce hē wæstmas bringð; gif hit elles hwæt byð, ceorf hine syððan.

10. Ða wæs hē restedagum on hyra gesamnunge lǣrende.

11. Þā wæs þār sum wīf, sēo hæfde untrumnesse gāst ehtatȳne gear; and hēo wæs ābogen, nē hēo eallunga ne mihte ūp besēon.

12. Þā sē Hǣlend hig geseah, hē clypode hig tō him, and sǣde hyre, Wīf, þū eart forlǣten of þīnre untrumnesse.

13. And his hand hyre on sette: þā wæs hēo sōna ūp ārǣred, and hēo God wuldrode.

14. Ða gebealh sē duguðe ealdor hine, for þām þe sē Hǣlend on restedæge hǣlde, and sǣde þām menegum, Syx dagas synt on þām gebyrað þæt man wyrce: cumaþ on þām and bēoð gehǣlede, and nā on restedæge.

15. Ða andswarude sē Hǣlend and cwæð, Lā līceteras, ne untīgð ēower ǣlc on restedæge his oxan oððe assan fram þǣre binne and lǣt tō wætere?

16. Þās Ābrahāmes dohtor, þe Sātanas geband nū eahtatȳne gēar, ne gebyrede hyre bēon unbunden of þissum bende on restedæge?

17. Þā hē þis sǣde, þā sceamode ealle his wiðerwinnan; and eall folc geblissode on eallum þām ðe wuldorfullīce fram him gewurdon.

18. Sōðlīce, hē cwæþ, Hwām is Godes rīce gelīc? and hwām wēne ic þæt hit bēo gelīc?

15. Corp., licteras.   16. A, þeos (*for* þas); ehtatyne ear.

GOSPEL OF ST. LUKE.

19. Hit ys gelīc senepes corne þæt sē man onfēng and sēow on his wyrttūn; and hit wēox and wearð mycel trēow, and heofenes fugelas ręstun on his bogum.

20. And eft hē cwæð, Hwām wēne ic þæt Godes rīce sī gelīc?

21. Hit is gelīc þām beorman þe þæt wīf onfēng, and behȳdde on *þæs melewes* þrēo gemetu, oð hit wearð eall āhafen.

22. Ðā fērde hē þurh ceastra and castelu tō Hierusalem, and þār lǣrde.

23. Ðā cwæð sum man tō him, Drihten, fēawa synt þe synt gehǣlede? Þā cwæð hē tō him,

24. Efstað þæt gē gangen þurh þæt nearwe get, for þām ic sęcge ēow, manega sēcað þæt hig in gān, and hī ne magon.

25. Ðonne sē hīrēdes ealdor in gǣð and his duru beclȳst, gē standaþ þǣr ūte, and þā duru cnūciaþ, and cweðaþ, Drihten, ātȳn ūs; þonne cwyð hē tō ēow, Ne can ic ēow, nāt īc hwanon gē synt;

26. ðonne ongynne gē cweþan, Wē ǣton and druncon beforan þē, and on ūrum strǣtum þū lǣrdest;

27. þonne sęgð hē ēow, Ne cann ic hwanon gē synt; gewītað fram mē, ealle unrihtwyrhtan.

28. Þār bið wōþ and tōþa grystlung, þonne gē gesēoþ Ābrahām, and Īsaac, and Iācōb, and ealle wītegan, on Godes rīce, and gē bēoð ūt ādrifene.

29. And hig cumað fram ēastdǣle, and westdǣle, and norþdǣle, [and sūðdǣle], and sittað on Godes rīce.

19. Corp., B, C, onfenc; wyrtun; fuhlas. 21. Corp., B, C, onfengc; þam melewe; A, þam meluwe. 24. A, gangon; geat. 25. A, cwyð he to us. 28. Corp., B, C, þænne.

30. And efne, synt ȳtemeste þā ðē bēoð fyrmyste, and synt fyrmyste þā ðe bēoð ȳtemeste.

31. On þām dæge him genēalǣhton sume Farisēi, and him sǣdon, Far, and gā heonon, for þām þe Hērōdes þē wyle ofslan.

32. And þā cwæð hē tō him, Gāð and sęcgað þām foxe, Dēofolsēocnessa ic ūt ādrīfe, and ic hǣla gefręmme tō dæg and tō morgen, and þriddan dæge ic bēo fornumen.

33. Ðēah hwæðere mē gebyreþ tō dæg and tō morgen and þȳ æfteran dæge gān : for þām þe ne gebyreð þæt sē wītega forwurðe būtan Hierusalem.

34. Ēalā Hierusalem, Hierusalem, þū ðe þā wītegan ofslyhst, and hǣnst þā ðe tō þē āsęnde synt! hū oft ic wolde þīne bearn gegaderian swā sē fugel dēð his nest under his fiðerum, and þū noldest!

35. Nū bið ēower hūs ēow forlǣten; sōðlīce ic ēow sęcge þæt gē mē ne gesēoð ǣr þām. þe cume þonne gē cweðað, Geblētsod sȳ sē ðe *cymð* on Drihtnes naman.

CHAPTER XIV.

Ðys godspel gebyrað on þǣre nygontēoðan wucan ofer pentecosten.

1. Þā wæs geworden þā hē ēode on sumes Farisēa ealdres hūs on ręstedæge, þæt hē hlāf ǣte, and hig begȳmdon hine.

2. Ðā wæs þār sum wætersēoc man beforan him.

32. A, hælo; Corp., B, C, morhgen.   33. Corp., B, C, morhgen; A, mergen; geðyrað.   34. A, hnyst.   35. Corp, B, C, cume se þonne; MSS. com (*for* cymð).

3. Ðē cwæþ sē Hǣlend tō þām ǣglēawum and Fariseum, Ys hit ālȳfed þæt man on restedægum hǣle?

4. Ðā suwudon hig. Þā nam hē hine and gehǣlde, and forlēt hyne.

5. Þā cwæð hē tō him andswariende, Hwylces ēowres assa oððe oxa befealþ on ānne pytt, and ne tīhþ hē hyne hrædlīce ūp on restedæge?

6. Ðā ne mihton hig agēn þis him geandwyrdan.

7. Ðā sǣde hē sum bigspel be þām in gelaðudan, gȳmende hū hig þā fyrmestan setl gecuron, and þus cwæð,

8. Ðonne þū byst tō gyftum gelaþod, ne site þū on þām fyrmestan setle, þē lǣs, wēnunga, sum wurðfulra sig in gelaðod fram hym;

9. and þonne cume sē þe ðē in gelaþode, and sēcge ðē, Rȳm þysum men setl; and þū ðonne mid sceame nyme þæt ȳtemeste setl.

10. Ac þonne þū geclypod byst, gā and site on þām ȳtemestan setle, þæt sē ðe þē in gelaðude, þonne he cymð, cweþe tō þē, Lā frēond, site ufur: þonne byð þē wurðmynt beforan mid sittendum.

11. For þām ǣlc þe hine ūp āhefð, bið genyðerud; and sē ðe hine nyðerað, se bið ūp āhafen.

12. Ðā cwæð hē tō þām þe hine in laðode, Ðonne þū dēst wiste oððe feorme, ne clypa þū þīne frȳnd, nē þīne gebrōðru, nē ðīne cūðan, nē þīne welegan nēhhebūras; þē lǣs hī ðē agēn laðiun, and þū hæbbe edlēan.

13. Ac þonne þū gebēorscype dō, clypa þearfan and wanhāle and healte and blinde;

CHAP. XIV. 5. A, assan; ænne. 7. C, gecuran. 8, 9. sig yn (*for* in) gelaðod fram him, and þonne *only in* A. 9. Corp., B, C, ðænne. 10. C, *om.* ga. Corp., B, C, þænne (*second time*); A, ufer. 12. A, gelaðode. 13. Corp., B, C, þænne.

14. þonne bist þū ēadig, for þām ðe hī nabbað hwanun hig hit þē forgyldon; sōðlīce hit byð þē forgolden on rihtwīsra ǣrīste.

15. Ðā þis gehȳrde sum of þām sittendum, þā cwæð hē, Ēadig is sē ðe hlāf ytt on Godes rīce.

Ðys godspel gebyrað on þone þryddan sunnandæg ofer pentecosten.

16. Ðā sǣde hē him, Sum man worhte mycele feorme and manega gelaðode.

17. Þā sęnde hē his þēowan tō þǣre feorme tīman, þæt hē sǣde þām gelaðedum þæt hig cōmun, for þām þe ealle þing gearwe wǣron.

18. Þā ongunnon hig ealle hig belādian. Sē forma him sǣde, Ic bōhte ǣnne tūn, ic hæbbe nēode þæt ic fare and hine gesēo: ic bidde þē þæt ðū mē belādige.

19. Ðā cwæþ sē ōðer, Ic bōhte ān getȳme oxena, nū wille ic faran, and fandian hyra: nū bidde ic þē, belāda mē.

20. Ðā cwæð sum, Ic lǣdde wīf hām, for þām ic ne mæg cuman.

21. Þā cyrde sē þēowa, and cȳdde his hlāforde þæt. Ðā cwæð sē hlāford mid yrre tō þām þēowan, Gā hraþe on þā strǣta and on wīc þisse ceastre, and þearfan and wanhāle and blinde and healte lǣd hider in.

22. Ðā cwæð sē þēowa, Hlāford, hit ys gedōn swā þū bude, and nū gȳt hēr is ǣmtig stōw.

23. Þā cwæð sē hlāford þā gȳt tō þām þēowan, Gā geond þās wegas and hęgas, and nȳd hig þæt hig gān in, þæt mīn hūs sī gefylled:

14. C, forgoldon. 18. B, C, anne; beladie. 19. A, getymðe. 21. A, raðe. 23. A, eond (*for* geond).

24. sōðlīce ic ēow sęcge, þæt nān þāra manna þe geclypode synt ne onbyrigeað mīnre feorme.

Ðys godspel sceal tō Sanctus Hermetis and tō Sanctus Agustīnus mæssan.

25. Sōðlīce mid him fērde mycel męnego; þā cwæð hē tō him bewęnd,

26. Gyf hwā tō mē cymð, and ne hatað his fæder and mōder and wīf and bearn and brōþru and swustra, and þonne gȳt his sāwle, ne mæg hē bēon mīn leorningcniht.

27. And sē þe ne byrð hys cwylminge, and cymð æfter mē, ne mæg hē bēon mīn leorningcniht.

28. Hwylc ēower wyle timbrian ānne stypel, hū ne sytt hē æryst and tęleð þā andfęngas þe him behēfe synt, hwæðer hē hæbbe hine tō fullfręmmenne?

29. Þē læs syððan hē þone grundweall lęgð, and ne mæg hine fullfręmman, ealle þe hit gesēoð āgynnað hine tælan,

30. and cweðan, Hwæt, þēs man āgan timbrian and ne mihte hit geęndian.

31. Oððe gyf hwylc cyning wyle faran and feohtan agēn ōðerne cyning, hū ne sit hē ær and þęncð hwæðer hē mæge mid tȳn þūsendum cuman agēn þone þe him agēn cymð mid twēntigum þūsendum?

32. And gif hē þonne wið hine gefeohtan ne mæg, hē sęnt æryndracan and bitt sibbe.

33. Witodlīce swā is ælc of ēow þe ne wiðsæcð eallum þingum þe hē āh, ne mæg hē bēon mīn leorningcniht.

34. Gōd ys sealt; gif hit āwyrð on þām þe hit gesylt bið,

24. A, onbyriað.   26. Corp., B, C, þænne.   28. A, ænne.
29. Corp., B, C, þæne; A, agynnon; B, C, agynnan.   30. A, ongan.   31. Corp., B, C, cynincg (*first time*); C, hwæder.
32. A, ærendracan.

35. nis hyt nyt nē on eorþan nē on myxene, ac hyt bið ūt āworpen. Gehȳre sē þe ēaran hæbbe tō gehȳrenne.

CHAPTER XV.

Ðys godspel sceal on þone fēorðan sunnandæg ofer pentecosten.

1. Sōðlīce him genēalǣhtun mānfulle and synfulle, þæt hig his word gehȳrdon.
2. Ðā murcnedon þā Farisēi and þā bōceras, and cwǣdon, Ðēs onfēhð synfulle and mid him ytt.
3. Þā cwæþ hē þis bigspel tō þām:
4. Hwylc man is of ēow þe hæfð hund scēapa, and gif hē forlȳst ān of þām, hū ne forlǣt hē þonne nigon and hundnigontig on þām wēstene, and gǣð tō þām þe forwearð oð hē hit fint?
5. And þonne hē hit fint, hē hit set on his exla geblissiende.
6. And þonne hē hām cymð, hē tōsomne clypað hys frȳnd and his nēhhebūras, and cwyð, Blissiað mid mē for þām ic funde mīn scēp þe forwearð.
7. Ic secge ēow þæt swā byð on heofone blis be ānum synfullum þe dǣdbōte dēð, mā þonne ofer nigon and nigontigum rihtwīsra þe dǣdbōte ne beðurfon.
8. Oððe hwilc wīf hæfð tȳn scyllingas; gif hēo forlȳst ānne scylling, hū ne onǣlð hēo hyre lēohtfæt, and āwęnt hyre hūs and sēcð geornlīce oð hēo hine fint?

CHAP. XV. 1. B, C, gehyron.   5. Corp., B, C, hitt (*second time*).   6. A, sceap.   8. A, ænne; eornlice.

9. And þonne héo hine fint, héo clypað hyre frȳnd and *nêhhebȳrena*, and cwyð, Blyssiað mid mē, for þām ic funde mīnne scylling þe ic forlēas.

10. Ic sęcge ēow, swā bið blis beforan Godes ęnglum be ānum synfullum þe dǣdbōte dēð.

Ðys godspel gebyrað on sæternesdæg on þǣre ōðre lęnctenwucan.

11. Hē cwæð, sōðlíce sum man hæfde twēgen suna;

12. þā cwæð sē *gingra* tō his fæder, Fæder, syle mē mīnne dǣl mīnre ǣhte þe mē tō gebyreþ: þā dǣlde hē him his ǣhte.

13. Ðā æfter *féawum* dagum ealle his þing gegaderude sē gingra sunu, and fērde wrǣclīce on feorlen rīce, and forspilde þār his ǣhta, lybbende on his gǣlsan.

14. Ðā hē hig hæfde ealle āmyrrede, þā wearð mycel hunger on þām rīce, and hē wearð wǣdla.

15. Ðā fērde hē and folgude ānum burhsittendan męn þæs rīces; ðā sęnde hē hine tō his tūne, þæt hē hēolde his swȳn.

16. Ðā gewilnode hē his wambe gefyllan of þām bēancoddum þe ðā swȳn ǣton; and him man ne sealde.

17. Þā beþōhte hē hine, and cwæð, Ēalā, hū fela yrðlinga on mīnes fæder hūse hlāf genōhne habbað; and ic hēr on hungre forwurðe!

18. Ic ārīse, and ic fare tō mīnum fæder, and ic sęcge him, Ēalā fæder, ic syngode on heofenas and beforan þē:

19. nū ic ne eom wyrðe þæt ic bēo þīn sunu nęmned: dō mē swā ānne of þīnum yrðlingum.

9. Corp., B, C, nehhebyryna; A. -byrna.   10. A, doð.
12. MSS. yldra (*for* gingra); A, æhta (*second time*).   13. MSS., feawa; A, þær forspylde.   16. Corp., B, biencoddun; C, biencoddan.   17. A, hyrlinga; fæla.   19. Corp., B, C, neom (*for* ne eom); A, genemned; ænne; hyrlingum.

20. And hē ārās þā, and cōm tō his fæder. And þā gȳt þā hē wæs feorr his fæder, hē hyne geseah and wearð mid mildheortnesse āstyrod, and agēn hine arn and hine beclypte and cyste hine.

21. Ðā cwæð his sunu, Fæder, ic syngude on heofon and beforan ðē: nū ic ne eom wyrþe þæt ic þīn sunu bēo genęmned.

22. Ðā cwæð sē fæder tō his þēowum, Bringað raðe þone sēlestan gegyrelan and scrȳdað hyne, and syllað him hring on his hand and gescȳ tō his fōtum;

23. and bringað ān fætt styric and ofslēað, and utun etan and gewistfullian:

24. for þām þes mīn sunu wæs dēad, and hē geedcucude; hē forwearð, and hē is gemēt. Ðā ongunnon hig gewistlǣcan.

25. Sōðlīce hys yldra sunu wæs on æcere, and hē cōm; and þā hē þām hūse genēalǣhte, hē gehȳrde þone swēg and þæt wered.

26. Þā clypode hē ānne þēow, and āxode hine hwæt þæt wǣre.

27. Ðā cwæð hē, Þīn brōðor cōm; and þīn fæder ofslōh ān fæt celf, for þām þe hē hyne hālne onfēng.

28. Ðā bealh hē hine, and nolde in gān: þā ēode his fæder ūt, and ongan hine biddan.

29. Ðā cwæþ hē his fæder andswarigende, Efne swā fela gēara ic þē þēowude, and ic nǣfre þīn bebod ne forgȳmde, and ne sealdest þū mē nǣfre ān ticcen, þæt ic mid mīnum frēondum gewistfullude;

21. C, neom. 22. Corp., B, C, þæne; A, gegyrlan.
23. C, styric *glossed* cealf. 25. Corp., B, C, þæne; weryd.
26. A, ænne; acsode. 27. A, fætt cealf. 28. A, gebealh.
29. A, fæla.

30. ac syððan þes þin sunu cōm þe hys spēde mid myltystrum āmyrde, þū ofslōge him fætt celf.

31. Ða cwæþ hē, Sunu, þū eart symle mid mē, and ealle mīne þing synt þīne;

32. þē gebyrede gewistfullian and geblissian, for þām þes þin brōðor wæs dēad, and hē geedcucede; hē forwearð, and hē is gemēt.

CHAPTER XVI.

Ðys godspel gebyrað on þære tēoðan wucan ofer pentecosten.

1. Ðā cwæð hē tō his leorningcnihtum, Sum welig man wæs, sē hæfde sumne gerēfan; sē wearð wið hine forwrēged swylce hē his gōd forspilde.

2. Þā clypode hē hine and sǣde him, Hwī gehȳre ic þis be þē? āgyf þīne scīre; ne miht þū lęng tūnscīre bewitan.

3. Ða cwæþ sē gerēfa on his geþance, Hwæt dō ic, for þām þe mīn hlāford mīne gerēfscīre fram mē nymð? Ne mæg ic delfan; mē sceamað þæt ic wædlige.

4. Ic wāt hwæt ic dō, þæt hig mē on hyra hūs onfōn þonne ic bescired bēo fram tūnscīre.

5. Ða þā gafolgyldan gegaderude wæron, þā sǣde hē þām forman, Hū mycel scealt þū mīnum hlāforde?

6. Ða sǣde hē, Hund sestra eles. Þā sǣde hē him, Nim þine feðere, and site hraðe and wrīt fīftig.

30. A, speda; myltestrum; cealf.   32. A, geedcucode.
CHAP. XVI. 1. Corp., B, C, *om.* se *before* hæfde.   2. Corp, B, C, lencg.   6. A, hym *before* hund; raðe.

7. Ðā sǣde hē ōðrum, Hū mycel scealt þū? Þā cwæþ hē, Hund mittena hwǣtes. Ðā cwæð hē, Nim þīne stafas and wrīt hundeahtatig.

8. Ðā herede sē hlāford þǣre unrihtwīsnesse tūngerēfan, for þām þe hē glēawlīce dyde: for þām ðe ðisse worulde bearn synd glēawran þises lēohtes. bearnum on þisse cnēoresse.

9. And ic secge ēow, Wyrcað ēow frȳnd of þisse worulde welan unrihtwīsnesse, þæt hig onfōn ēow on ēce eardungstōwe þonne gē geteoriað.

<small>Ðys [godspel] gebyrað on wōdnesdæg on þǣre tēoðan [w]ucan ofer pentecosten.</small>

10. Sē þe ys on lȳtlum getrȳwe, sē ys on māran getrȳwe; and sē þe ys on lȳtlum unrihtwīs, se ys ēac on māran unrihtwīs.

11. Gif gē on unrihtwīsum weoruldwelan nǣron getrȳwe, hwā betǣhð ēow þæt ēower ys?

12. And gyf gē on fremedum nǣron getrȳwe, hwā sylþ ēow þæt ēower ys?

13. Ne mæg nān þēow twām hlāfordum þēowian: oððe hē ānne hatað, and ōðerne lufað; oððe hē ānum folgað, and ōðerne forhogað. And gē ne magon Gode þēowian and woruldwelan.

14. Ðās ðing ealle þā Farisēi gehȳrdon, þā ðe gīfre wǣron; and hig hine tǣldon.

15. Þā cwæð hē tō him, Gē synt þe ēow sylfe beforan mannum gerihtwīsiaþ; sōðlīce God can ēowre heortan,

---

9. A, eardungstowa.   10. A, lytlum þingum getreowe; getryowe.
11. A, om. on; betæcð.   13. A, ænne.   14. *A new parchment leaf* (fol. 131) *supplies in* B *the passage from* ðing *to* leorningcnihtum *of Chap. XVII*, 1.

for þām þe beforan Gode ys āscuniendlīc þæt mannum hēah ys.

16. Sēo ǣ and wītegan [wǣron]oð Iōhannem, and of him is bodud Godes rīce, and ealle on þæt strangnysse wyrcað.

17. Ēaðre is þæt heofen and eorðe gewīton, þonne ān stæf of þǣre ǣ fealle.

18. Ǣlc man þe his wīf forlǣt and ōþer nimð, sē unrihthǣmð; and sē ðe þæt forlǣtene wīf nimð, sē unrihthǣmð.

Ðis godspel gebyrað on þone ōðerne sunnandæg ofer pentecosten.

19. Sum welig man wæs, and hē wæs gescrȳdd mid purpuran and mid twīne, and dæghwāmlīce rīclīce gewistfullude.

20. And sum wǣdla wæs, on naman Lazarus, sē læg on his dura swȳðe forwundod,

21. and wilnode þæt hē hine of his crumum gefylde þe of his bēode fēollun; and him nān man ne sealde, ac hundas cōmon and his wunda liccodon.

22. Ðā wæs geworden þæt sē wǣdla forðfērde, and hine ęnglas bǣron on Ābrahāmes grēadan; þā wearð sē welega dēad, and wæs on hęlle bebyrged.

23. Ðā āhōf hē his ēagan ūpp, þā hē on þām tintregum wæs, and geseah feorran Ābrahām, and Lazarum on his grēadan.

24. Ðā hrȳmde hē and cwæð, Ēalā fæder Ābrahām, gemiltsa mē, and sęnd Lazarum þæt hē dyppe his fingres lið on wætere and mīne tungan gecǣle, for þām þe ic eom on þis līge cwylmed.

15. A, ascunod.   16. A, strannysse.   19. A, weli.   20. A, wedla; Corp., forwundon.   22. Corp., habrahames.   24. Corp., gemilsa, A, gemyltsa, fingeres; Corp., C, gehæle; A, gehæle *altered to* gecæle.

25. Ðā cwæð Ābrahām, Ēalā sunu, geþęnc þæt þū gōd onfēnge on þīnum līfe, and gelīce Lazarus onfēng yfel: nū ys þēs gefrēfrod, and þū eart cwylmed.

26. And on eallum þissum, betwux ūs and ēow is mycel dwolma getrymed: þā ðe willað heonon tō ēow faran ne magon, nē þanun faran hidere.

27. Ðā cwæð hē, Fæder, ic bidde þē þæt ðū sęnde hine tō mīnes fæder hūse;

28. ic hæbbe fīf gebrōþru; þæt hē cȳðe him þæt hig ne cumon on þissa tintrega stōwe.

29. Þā sæde Ābrahām him, Hig habbað Moysen and wītegan; hig hlyston him.

30. Ðā cwæð hē, Nese, fæder Ābrahām, ac hig dōð dædbōte gif hwylc of dēaðe tō him færð.

31. Ðā cwæð hē, Gif hig ne gehȳraþ Moysen and þā wītegan, nē hig ne gelȳfað þēah hwylc of dēaðe ārīse.

CHAPTER XVII.

Ðys godspel gebyrað on þone ōðerne frīgedæg ofer pentecosten.

1. Ðā cwæð hē tō his leorningcnihtum, Unmihtlīc is þæt gedrēfednyssa ne cuman: wā þām þe hig þurh cumað!

2. Nyttre him wære þæt ān cweornstān sȳ gecnytt abūtan his swūran, and sī on sæ beworpen, ðonne hē gedrēfe ānne of þissum lȳtlingum.

---
25. Corp., gefrefryd.
CHAP. XVII. 1. *The late insertion in* B *closes with* -cnihtum.
2. A, sweoran; gedrefde ænne.

3. Warniað ēow : gyf þīn brōðor syngað, cīd him ;

4. and gif hē on dæg seofan *siþum* syngað, and seofan *siþum* tō þē on dæg gecyrred byð, and cwyð, Hit mē ofþincð ; forgyf hit him.

5. Ðā cwǣdon his apostolas, Drihten, geīc ūrne gelēafan.

6. Ðā cwæþ Drihten, Gif gē hæfdon gelēafan swā senepes corn, gē sǣdun þissum trēowe, Sȳ ðū āwyrtwalud and āplantud on sǣ; and hit hȳrsumode ēow.

7. Hwylc ēower hæfþ ęregendne þēow oððe scēp lǣsgendne, þām of þām æcere gehworfenum, hē him sōna sęgð, Gā and site ;

8. and ne sęgþ him, *Gearwa* þæt ic ete, and gyrd þē and þēna mē þā hwīle þe ic ete and drince ; and syððan þū ytst and drincst?

9. Wēnst þū hæfð sē þēowa ǣnigne þanc for þām ðe hē dyde þæt him beboden wæs ? ne wēne ic.

10. Swā ys ēow þonne gē dōð eall þæt ēow beboden ys, cweþað, Unnytte þēowas wē synt ; wē dydon þæt wē dōn sceoldon.

Ðys [godspel] gebyrað on þǣre syxtēoðan wucan *ofer* pentecosten.

11. Ðā hē fērde tō Hierusalem, hē ēode þurh midde Samarīan and Galilēam.

12. And þā hē ēode on sum castel, him agēn urnon tȳn hrēofe weras, þā stōdon hig feorran ;

13. and hyra stefna ūp āhōfon, and cwǣdon, Hǣlend, Bebēodend, gemiltsa ūs.

4. Corp., B, C, siþun (*twice*) ; A, syðum (*twice*) ; ofþyngð ; me (*for* him). 5. Corp., cwǣðon. 6. Corp., B, þissun ; A, þyssum. 7. A, hergendne ; C, lǣsgendene. 8. Corp., B, C, gearw; A, earwa ; Corp., B, C, gyrt. 10. Corp., sceolon. Rubric, ofter (*for* ofer). 12. C, þe (*for* þa he). 13. B, C, stefne.

14. Ðā hē hig geseah, þā cwæþ hē, Gāð and ætȳwað ēow þām sācerdum: þā hig fērdun hig wurdon geclǣnsude.

15. Ðā hyra ān geseah þæt hē geclǣnsud wæs, þā cyrde hē, mid mycelre stefne God mǣrsiende;

16. and fēoll tō hys fōtum, and him þancode; and þēs wæs Samarītānisc.

17. Þā cwæþ sē Hǣlend him andswariende, Hū ne synt tȳn geclǣnsude? hwǣr synt þā nigone?

18. Næs gemētt sē ðe agēn hwurfe and Gode wuldor sealde būton þēs ælfremeda.?

19. Ðā cwæð hē, Ārīs, and gā, for þām þe ðīn gelēafa þē hālne gedyde.

20. Þā āhsodon hine þā Farisēi hwænne Godes rīce cōme; ðā andswarude hē and cwæð, Ne cymð Godes rīce mid begȳmene:

21. nē hig ne cweðaþ, Efne hēr hyt ys! oððe, þār! Godes rīce is betwȳnan ēow.

22. Þā cwæð hē tō his leorningcnihtum, Þā dagas cumað þonne gē gewilniað þæt gē gesēon ānne dæg mannes Sunu, and gē ne gesēoð.

23. And hig secgað ēow, Hēr hē is! and þār hē is! ne fare gē nē ne fyligeað:

24. witodlīce swā sē līgræsc lȳhtende scīnð under heofone on þā ðing þe under heofone synt, swā bið mannes Sunu on his dæge.

25. Æryst him gebyreð þæt hē fela þinga þolige, and bēon fram þisse cnēorysse āworpen.

---

15. C, cerde. 18. A, eallfremeda. 19. A, *om.* þe *before* ðin. 20. Corp., *om.* rice (*second time*). 22. A, ænne. 23. A, and þar he ys (*repeated, and underscored for erasure*); Corp., fyliað.

26. And swā on Noes dagum wæs geworden, swā byð mannes Suna tōcyme.

27. Hig ǣtun, and druncon, and wīfodon, and wǣron tō gyftum gesealde, oð þone dæg þe Noe on earce ēode ; and flōd cōm and ealle forspilde.

28. Eall swā wæs geworden on Loðes dagum; hig ǣtun, and druncon, and bohton, and sealdon, and plantedon, and timbrudon ;

29. sōðlīce on þām dæge þe Loð ēode of Sodoma hit rīnde fȳr and swefl of heofone, and ealle forspilde :

30. æfter þysum þingum bið on þām dæge þe mannes Sunu onwrigen bið.

31. On þām dæge, sē ðe bið on þęcene, and his fatu on hūse, ne stīhð hē nyðer þæt hē hig nime ; and sē ðe bið on æcere, ne węnt hē onbæc.

32. Bēoð gemyndige Loðes wīfes.

33. Swā hwylc swā sēcð his sāwle gedōn hǣle, sē hig forspilþ ; and swā hwylc swā hig forspilþ, sē hig gelīffæstað.

34. Sōðlīce ic ēow sęcge, On þǣre nihte bēoð twēgen on będde ; ān byð genumen, and ōðer bið forlǣten.

35. Twā bēoð ætgædere grindende ; ān bið genumen, and ōðer byð lǣfed.

36. Twēgen bēoð on æcere ; ān bið genumen, and ōðer bið lǣfed.

37. Þā cwǣdon hig tō him, Hwār, Drihten ? Þā cwæð hē, Swā hwār swā sē līchama bið, þyder bēoð earnas gegaderud.

26. Corp., B, C, beoð. (k *over erasure*); B, C, erke.
35. Corp., B, C, oðer læfed.
27. Corp., B, C, þæne ; Corp., erke.
34. A, læfed (*for* bið forlæten).
36. Corp., B, C, æt (*for* on).

CHAPTER XVIII.

1. Ðā sǣde hē him sum bigspel, þæt hit ys riht þæt man symle gebidde, and nā geteorige;
2. and þus cwæð, Sum dēma wæs on sumere ceastre, sē God ne ondrēd nē nānne man ne onþracude.
3. Ðā wæs sum wudewe on þǣre ceastre; þā cōm hēo tō him, and cwæð, Wrec mē wið mīnne wiðerwinnan.
4. Ðā nolde hē langre tīde; æfter þām, þā cwæþ hē, Þēah ic God ne ondrǣde nē ic man ne onþracige,
5. þēah for þām þe ðēos wuduwe mē is gram, ic wrece hig, þē lǣs hēo æt nēahstan·cume mē behrōpende.
6. Ðā cwæð Drihten, Gehȳrað hwæt sē unrihtwīsa dēma cwyð.
7. Sōðlīce ne dēð God his gecorenra wrace, clypiendra tō him dæges and nihtes, and hē geþyld on him hæfð?
8. Ic ēow secge þæt hē raþe hyra wrace dēð. Ðēah hwæþere wēnst þū ðonne mannes Sunu cymð, gemēt hē gelēafan on eorðan?
9. Ðā cwæð hē tō sumum þis bigspel þe on hig sylfe trūwedon and ōðre forhogodon:

Ðys [godspel] gebyrað on þǣre endlyftan wucan *ofer* pentecosten.

10. Twēgen men fērdun tō sumum temple þæt hig hig gebǣdun; ān sundorhālga, and ōðer mānfull.
11. Ðā stōd sē Farisēus and hine þus gebæd, God, þē ic þancas dō for þām þe ic ne eom swylce ōðre men, rēaferas, unrihtwīse, unrihthǣmeras, oððe ēac swylce þēs mānfulla.

CHAP. XVIII. 1. A, symble. 2. A, sumre. 3. C, *om.* sum. 4. A, men; onþracie. 5. A, þeh; nycstan. Rubric, ofter (*for* ofer). 8. Corp., B, C. ðænne. 11. C, neom (*for* ne eom).

12. Ic fæste tūwa on wucan; ic sylle tēoþunga ealles þæs þe ic hæbbe.

13. Ðā stōd sē mānfulla feorran, and nolde furðun his ēagan āhębban ūp tō þām heofone, ac hē bēot his brēost and cwæþ, God bēo þū milde mē synfullum.

14. Sōþlīce ic ēow sęcge þæt þēs fērde gerihtwįsud tō his hūse : for þām þe ǣlc þe hįne ūpp āhęfð bið genyðerud, and sē þe hine nyðerað byð ūpp āhafen.

15. Ðā brōhton hig cild tō him þæt hē hig æthrīne : þā his leorningcnihtas hig gesāwon, hig cīddon him.

16. Ðā clypode sē Hǣlend hig tō him, and cwæþ, Lǣtað þā lȳtlingas tō mē cuman, and ne forbēode gē hig : swylcera ys Godes rīce.

17. Sōðlīce ic ēow sęcge, Swā hwylc swā ne onfēhð Godes rīce swā swā cild, ne gǣð hē on Godes rīce.

18. Ðā āhsode hyne sum ealdor, [Gōd] Lārēow, hwæt dō ic þæt ic ēce līf hæbbe?

19. Þā cwæð sē Hǣlend, Hwī sęgst þū mē gōdne? nis nān man gōd, būtōn God āna.

20. Canst þū þā bebodu, Ne ofsleh ðū, Ne fyrena þū, Ne stel þū, Ne lēoh þū, Wurþa þīnne fæder and þīne mōdor ?

21. Ðā cwæð hē, Eall þis ic hēold of mīnre geoguþe.

22. Ðā cwæð sē Hǣlend, Ān þing þē is wana : syle eall þat ðū hæfst and syle eall þæt þearfum, þonne hæfst þū goldhord on heofone ; and cum, and folga mē.

23. Ðā hē þās word gehȳrde, hē wearð geunrēt, for þām þe hē wæs swīðe welig.

---

12. Corp., B, C, uçan.   13. A, forþan (*for* furðun).   18. A, acsode; ealder; A, B, godne (*inserted by sixteenth-century hand*).
20. Corp., B, ofslyh; C, forslyh.

24. Ðā sē Hǣlend hine unrōtne geseah, hē cwæð, Ēalā, hū earfoðlīce on Godes rīce gāð þā ðe feoh habbað!

25. Ēaðelīcor mæg se olfend gān þurh ānre nædle ēage, þonne sē welega on Godes rīce.

26. Ðā cwǣdon þā ðe þis gehȳrdon, And hwā mæg hāl bēon?

27. Ðā sæde hē him, Gode synt mihtelīce þā ðing þe mannum synt unmihtelīce.

28. Þā cwæð Pētrus, Ealle þing wē forlēton, and folgodon þē.

29. Ðā cwæð hē, Sōþlīce ic ēow sęcge, Nis nān man þe his hūs forlǣt, oððe māgas, oððe brōþru, oððe wīf, oððe bearn, for Godes rīce,

30. þe ne onfō mycele māre on þysse tīde, and ēce līf on tōwerdre worulde.

31. Þā nām sē Hǣlend his leorningcnihtas and cwæð tō him, Faraþ tō Hierusalem, and ealle þing bēoð gefyllede þe be mannes Suna þurh wītegan āwritene synt.

32. Hē byð þēodum geseald, and bið bysmrud, and geswungen, and on spǣt;

33. and æfter þām þe hig hine swingað, hig hine ofslēað; and hē þriddan dæge ārīst.

34. And hig nāht þæs ongēton, and him þis word wæs behȳdd.

35. Þā hē genēalǣhte Hiericho, sum blind man sæt wið þone weg wǣdligende;

36. and þā hē gehȳrde þā męnego farende, hē āhsude hwæt þæt wǣre.

25. Còrp., B, C, are (*for* anre).   29. A, *om.* man.   30. A, toweardre.   32. A, gebysmerod.   33. B, swigað; A, ongeaton.
35. Corp., B, C, þæne.   36. A, acsode.

37. Ðā sædon hig þæt þǣr fērde sē Nāzareniscea Hǣlend.

38. Þā hrȳmde hē and cwæð, Ēalā, Hǣlend, Dāuīdes sunu, gemiltsa mē.

39. And þā ðe fore stōpun, hine þrēadon þæt hē suwude : ðæs þē mā hē clypode, Dāuīdes sunu, gemiltsa mē.

40. Ðā stōd sē Hǣlend and hēt hine lǣdan tō him ; þā hē genēalǣhte, hē āhsude hine,

41. Hwæt wylt ðū þæt ic ðē dō? Ðā cwæð hē, Drihten, þæt ic gesēo.

42. Ðā cwæþ sē Hǣlend, Beseoh, þīn gelēafa þē gehǣlde.

43. And hē sōna geseah, and him folgode, God wuldrigende, and eall [þæt] folc Gode lof sealde þā hig þæt gesāwon.

CHAPTER XIX.

1. Ðā ēode hē geond Iericho.

2. Þā wæs þār sum man, on naman Zacheus, sē wæs welig.

3. And hē wolde gesēon hwylc sē Hǣlend wǣre ; þā ne mihte hē for ðǣre menegu, for þām þe hē wæs lȳtel on wæstmum.

4. Þā arn hē beforan and stāh ūp on ān trēow sicomōrum, þæt hē hine gesāwe, for þām þe hē wolde þanon faran.

37. A, B, C, þar; A, nazarenisca. 39. A, swigode (*for* suwude); He þæs þe ma cleopode. 40. A, lædan hyne; acsode.
CHAP. XIX. 1. A, eond.

5. Þā ·hē cōm tō þǣre stōwe, þā geseah sē Hǣlend hine, and cwæð tō him, Zacheus, efst tō þīnum hūse, for þām þe ic wylle tō dæg on þīnum hūse wunian.

6. Ðā efste hē, and hine blīþelīce onfēng.

7. Þā hig þæt gesāwon þā murcnudun hig ealle, and cwǣdon þæt hē tō synfullum męn gecyrde.

8. Ðā stōd Zacheus and cwæð tō Drihtne, Nū ic sylle ðearfum healfe mīne ǣhta; and gif ic ǣnigne berēafode, ic hit be fēowerfealdum āgyfe.

9. Ðā cwæð sē Hǣlend tō him, Tō dæg þisse hīwrǣdene ys hāl geworden, for þām þe hē wæs Ābrahāmes bearn.

10. Mannes Sunu cōm sēcean and hāl dōn þæt forwearð.

11. Þā hig þis gehȳrdon, þā geȳhte hē sum bigspell, for þām þe hē wæs nēh Hierusalem, and for þām þe hig wēndon þæt hrædlīce Godes rīce geswutelud wǣre.

Ðys godspel sceal on Sancte Grēgōrius mæssedæg.

12. Witodlīce hē cwæð, Sum æþelboren man fērde on fyrlen land þæt hē him rīce onfēnge, and eft agēn cōme.

13. Ðā clypode hē his tȳn þēowas and sealde tȳn pund him, and cwæð tō him, Cēapiaþ oð þæt ic cume.

14. Ðā hatedon hine his lēode, and sęndon ǣrendracan æfter him, and cwǣdon, Wē nyllað þæt þēs ofer ūs rīxie.

15. Ðā hē agēn cōm, and þæt rīce onfēng, hē hēt clypian his þēowas þe hē þæt feoh sealde, þæt hē wiste hū mycel gehwylc gemangode.

5. Corp., B, C, *om.* to him *after* cwæð.   6. Corp., B, C, onfengc.   9. Corp., B, C, -ræddene; for þam he; Corp., habrahames.   11. Corp., B, C, geichte; ierusalem.   14. A, nellað; ricsie ofer us.   15. Corp., B, C, onfengc; A, hys feoh (*for* þæt feoh); Corp., selde.

16. Ðā cōm sē forma and cwæð, Hlāford, þīn pund gestrȳnde tȳn pund.

17. Þā cwæð sē Hlāford, Geblissa, þū gōda þēowa, for þām þe ðū wǣre on lȳtlum getrȳwe, þū byst anweald hæbbende ofer tȳn ceastra.

18. Ðā cōm ōðer and cwæð, Hlāford, þīn pund gestrȳnde fīf pund.

19. Ðā cwæþ hē tō þām, And bēo þū ofer fīf ceastra.

20. Ðā cōm ōþer and cwæð, Hlāford, hēr ys þīn pund þe ic hæfde on swātlīn ālēd :

21. ic ðē ādrēd, for þām þe ðū eart stīð man; þū nimst þæt ðū ne sęttest, and þū rīpst þæt ðū ne sēowe.

22. Ðā cwæð hē tō him, Of þīnum mūðe ic ðē dēme, lā lȳðra þēowa. Ðū wistest þæt ic eom stīð man; þæt ic nime þæt ic ne sętte, and rīpe þæt ic ne sēow :

23. and hwī ne sealdest þū mīn feoh tō hȳre, and þonne ic cōme ic hit witodlīce mid gestrēone onfēnge?

24. Ðā cwæð hē tō þām þe him abūtan stōdon, Nimað þæt pund fram him, and syllað þām þe hæfð tȳn pund.

25. Ðā cwǣdon hig tō him, Hlāford, hē hæfð tȳn pund.

26. Sōðlīce ic sęcge ēow, þæt ǣlcum hæbbendum bið geseald; fram þām þe næfð, ge þæt þæt hē hæfð him byð āfyrred.

27. Ðēah hwæpere þā mīne fȳnd þe noldon þæt ic ofer hig rīxude, lædað hider and ofslēað hig beforan mē.

16. Corp., B, C, þis; A, þyn.   17. Corp., andweald; B, andwald.
23. B, C, onfencge.   24. Corp., B, C, an (*for* tyn); A, an, *corrected to* tyn.   26. A, ge þæt he hæfð.   27. A, ricsode.

28. And þysum gecwedenum, hē ferde tō Hierusalem.

Ðys gebyraþ feower wucon ǣr middanwintra, and on palm-
sunnandæg.

29 Ðā hē geneālǣhte Bēthfage and Bēthania, tō þām munte þe is genęmned Olīuēti, hē sęnde his twēgen cnihtas,

30. and cwæð, Faraþ on þæt castel þe ongēn inc ys; on þām gyt gemētað assan folan getīged, on þām nān man gȳt ne sæt: untīgað hyne, and lǣdað tō mē.

31. And gif inc hwā āhsað, hwī gyt hyne untīgeað, sęcgað him, Drihten hæfð his nēode.

32. Ðā ferdon þā ðe āsęnde wǣron, and fundon, swā hē him sǣde, þone folan standan.

33. Ðā hig hine untīgdon, þā cwǣdon hys hlāfordas, Hwī untīge gē þone folan?

34. Ðā cwǣdon hig, For þām þe Drihten hæfð his nēode.

35. Ðā lǣddon hig hine tō þām Hǣlende, and hyra rēaf wurpon ofer þone folan, and þone Hǣlend onufan sętton.

36. And þā hē fōr, hī strehton under hine hyra rēaf on þām wege.

37. And þā hē geneālǣhte tō Olīuētes muntes nyðer-stīge, þā ongunnon ealle þā męnego geblissian, and mid mycelre stefne God hęredon be eallum þām mihtum þe hig gesāwun;

38. and cwǣdon, Geblētsud sȳ sē cyning þe *cymð* on

29. A, nemned. 30. A, uttygað; B, C, untigeað. 31. A, untigeon; drihted, *glossed* se hlaford. 32. Corp., B, C, þæne. 33. Corp., B, C, þa hlafordas; þæne. 35. Corp., B, C, þæne (*twice*). 38. MSS., com (*for* cymð).

Drihtnes naman : syb sȳ on heofenum, and wuldor on heahnessum.

39. Ðā cwǣdon sume of þām Farisēum tō him, Lārēow, cīd þīnum leorningcnihtum.

40. Ðā cwæþ hē tō him, Ic ēow sęcge, Þēah þās suwigen, stānas clypiað.

Ðys godspel gebyrað on þǣre ęndlyftan wucan ofer pentecosten.

41. And þā hē genēalǣhte and geseah þā ceastre, hē wēop ofer hig,

42. and cwæð, Ēalā, gif þū wistest and witodlīce on þysum þīnum dæge [ðā] þe ðē tō sybbe synt! nū hig synt fram þīnum ēagum behȳdde.

43. For þām ðe þā dagas tō ðē cumað, and þīne fȳnd þē betrymiaþ, and behabbað þē, and genyrwað þē ǣghwanun;

44. and tō eorþan āfyllað þē and þīne bearn þe on ðē synt; and hig ne lǣfað on þē stān ofer stāne, for þām þe ðū ne oncnēowe þā tīde þīnre genēosunge.

45. Ðā ongan hē of þām temple ūt drīfan þā syllendan and ðā bicgendan,

46. and him tō cwæð, Hit ys āwriten þæt mīn hūs ys gebedhūs; gē hit worhton tō sceaðena sciæfe.

47. And hē wæs dæghwāmlīce on þām temple lǣrende. Sōðlīce þāra sācerda ealdras and þā bōceras and þæs folces ealdormęn smēadon hū hig hine fordōn mihton:

48. and hig ne fundon hwæt hī him tō gylte dydon; sōðlīce eall folc wæs ābysgod þe be him gehȳrde sęcgan.

40. A, suwion.   43. A, cumað to ðe.   44. A, afyllð.
45. Corp., B, C, syllandan.

CHAPTER XX.

1. Ðā wæs ānum dæge geworden þā hē þæt folc on þām temple lǣrde and him bodude, þā cōmun þāra sācerda ealdras and þā bōceras,

2. and tō him cwǣdon, Sege ūs on hwylcum anwalde wyrcst þū ðās þing? oððe hwæt ys sē ðe þē þisne anwald sealde?

3. Ðā cwæþ hē him tō andsware, And ic āhsige ēow ān word; andswariað mē.

4. Wæs Iōhannes fulluht of heofone, hwæðer þe of mannum?

5. Ðā þōhton hig betwux him, and cwǣdon, Gyf wē secgað þæt hē sȳ of heofone, hē cwyð tō ūs, Hwī ne gelȳfde gē him?

6. Gyf wē secgað þæt hē sȳ of mannum, eall folc ūs hǣnð: hī wiston geare þæt Iōhannes wæs wītega.

7. Ðā answaredon hig, þæt hig nyston hwanun hē wæs.

8. Ðā cwæð sē Hǣlend him tō, Nē ic ēow ne secge on hwylcum anwalde ic þās þing wyrce.

9. Hē ongan þā ðis bigspel tō þām folce cweðan: Sum man plantude him wīngeard, and hine gesette mid tilium; and hē wæs him feor manegum tīdum.

10. Ðā on tīde, hē sende hys þēow tō þām tilium þæt hig him sealdon of þæs wīngeardes wæstme: þā swungon hig þone and īdelne hine forlēton.

11. Ðā sende hē ōðerne þēow: þā bēoton hig ðone, and mid tēonum gewǣcende hine forlēton īdelne.

CHAP. XX. 1. A, lǣrde on þam temple. 3. A, acsie.
5. A, *om. from* Gyf *to* him. 6. Corp., B, C, gere; C. witegei.
10, 11. Corp, B, C, þæne.

12. Þā sęnde hē þriddan : þā wurpon hig ūt þone gewundudne.

13. Ðā cwæð þæs wīngeardes hlāford, Hwæt dō ic? ic āsęnde mīnne lēofan sunu; wēnunga hine hig forwandiað, þonne hig hine gesēoþ.

14. Ðā hine þā tilian gesāwun, hig þōhton betwux him, and cwǣdon, Hēr ys sē yrfeweard : cumaþ uton hine ofslēan, þæt sēo ǣht ūre sȳ.

15. And hig hine of þām wīngearde āwurpon ofslęgene. Hwæt dēð þæs wīngeardes hlāford?

16. Hē cymð and forspilð þā tilian, and sylþ þone wīngeard ōðrum. Hig cwǣdon, þā hig þis gehȳrdon, Þæt ne gewurþe.

17. Ðā behēold hē hig, and cwæþ, Hwæt is þæt āwriten is, Þone stān þe ðā wyrhtan āwurpon, þēs is geworden on þǣre hyrnan hēafod?

18. Ǣlc þe fýlþ ofer *þone* stan byð forbryt ; ofer‘þone þe hē fylð, hē tōcwȳst.

19. Ðā sōhton þāra sācerda ealdras and þā bōceras hyra handa on þǣre tīde on hine wurpan ; and hig ādrēdon him þæt folc: sōðlīce hī ongēton þæt hē þis bigspell tō him cwæð.

20. Ðā sęndun hig mid searwum þā ðe hig rihtwīse lēton, þæt hig hine gescyldgudun, and þæt hig hine gesealdon þām *ealdrum* tō dōme and tō þæs dēman anwalde tō fordēmanne.

21. Ðā āhsodon hig hine, and cwǣdon, Lārēow, wē

---

12. Corp., þridan; Corp., B, C, þæne. 13. A, wyneardes. 15. A, wynearde ; wyneardes. 16. Corp., B, C, þæne ; A, wyneard. 17. A, heafde. 18. MSS., þæne (*first time*); Corp., B, C, þæne (*second time*). 19. Corp., B, C, wurpun. 20. Corp., B, C, *om*. hig *before* rihtwise; A, gescyldegodon; MSS., ealdron.

witun þæt þū rihte sprycst and lǣrest, and for nanum męn ne wandast, ac Godes weg on sōðfæstnesse lǣrst:

22. ys hit riht þæt man þām Cāsere gafol sylle, þe nā?

23. Þā cwæð hē tō him, þā hē hyra fācen onget, Hwī fandige gē mīn?

24. Ȳwað mē ānne *pęning*. Hwæs anlīcnesse hæfþ hē and ofergewrit? Ðā cwǣdon hig, Þæs Cāseres.

25. Ðā cwæð hē tō him, Āgyfað þām Cāsere þā ðing þe ðæs Cāseres synt; and Gode þā ðing þe Godes synt.

26. Ðā ne mihton hig his word befōn beforan þām folce: þā suwudon hig, wundrigende be his andsware

Dys godspel sceal on wōdnesdæg ofer pentecosten.

27. Ðā genēalǣhton sume of [þām] Sadūceum, þā ætsacað þæs 'ǣrīstes, and āhsodon hine,

28. and cwǣdon, Lārēow Moyses ūs wrāt, gif hwæs brōðor byð dēad and wīf hæbbe, and sē byð būtan bearnum, þæt his brōþor nime his wīf, and hys brōþor sǣd āwęcce.

29. Seofon gebrōðru wǣron: and sē forma nam wīf, and wæs dēad būtan bearnum;

30. Ðā nam ōðer hig, and wæs dēad būtan bearne.

31. Ðā nam sē þridda hig, and swā ealle seofone, and nān sǣd ne lǣfdon, and wǣron dēade.

32. Þā ealra ȳtemest wæs þæt wīf dēad.

33. On þām ǣrȳste, hwylces hyra wīf biþ þæt?

34. Ðā cwæþ sē Hǣlend tō him, Þysse worulde bearn wīfiað and bēoþ tō giftum gesealde.

21. A, B, C, lærst (*for* lærest); Corp., B, C, nanon.   23. Corp., B, C, *om.* ge *before* min; A, fandie ge.   24. A, eowiað (*for* ywað); Corp., B, C, peninc; A, penig.   27. Corp., æristest; A, ærystes.   29. A, bearne.

35. Ðā ðe synt þǣre worulde wyrðe and ǣrȳstes of *dēadum* nē giftigeaþ hī, nē wīf ne lǣdað;

36. nē ofer þæt sweltan ne magon: hig synt sōðlīce englum gelīce, and hig synt Godes bearn þonne hig synt ǣrȳstes bearn.

37. For þām þe sōðlīce dēade ārīsað, and Moyses ætȳwde wið ānne beigbēam, swā hē cwæð, Drihten, Ābrahāmes God, and Īsaaces God, and Iācōbes God.

38. Nys God dēadra ac lybbendra: ealle hig him lybbað.

39. Ðā andswarudon him sume þāra bōcera and cwǣdon, Lārēow, wel þū cwǣde.

40. And hig hine leng ne dorston ǣnig þing āhsian.

41. Þā cwæð hē tō him, Hwī secgað hig þæt Crīst sȳ Dāuīdes sunu?

42. And Dāuīd cwyð on þām sealme, Drihten sǣde tō mīnum Drihtne, Site on mīne swīðran healfe,

43. oð þæt ic āsette þīne fȳnd tō fōtsceamole þīnra fōta.

44. Dāuīd hine clypað Drihten, and hūmeta ys hē hys sunu?

45. Ðā sǣde hē hys leorningcnihtum, eallum folce gehȳrendum,

46. Warniað wið þā bōceras, ða þe wyllað on gegyrlum gān, and lufiað grētinga on strǣte, and þā yldstan setl on gesamnungum, and þā forman hlininga on gebēorscypum;

47. þā forswelgað wudewena hūs, hīwgende lang gebed: þā onfōð māran genyþerunge.

35. MSS., deaðum; A, giftiað; *om.* hi. 36. Corp., B, C, ærystys. 37. A, beibeam; Corp., abrahammes. 38. A, deaddra god. 42. A, *om.* to. 43. A, fotsceamele. 46. A, yldestan; hleonunga; B, hlinunga. 47. Corp., B, C, wydywyna; A, hiwigende; genyðerunga.

CHAPTER XXI.

1. Ðā hē hine beseah, hē geseh þā welegan hyra lāc sendan on þone sceoppan.

2. Þā geseah hē sume earme wudewan bringan twēgen feorðlingas.

3. Ðā cwæð hē, Sōð ic ēow secge þæt ðēos earme wudewe ealra mǣst brōhte.

4. Sōðes ealle þās brōhten Gode lāc of hyra mycelan welan; þēos wudewe brōhte of þām þe hēo hæfde ealle hyra andlyfene.

5. And þā cwæð hē tō þām þe sǣdon be þām temple, þæt hit wǣre geglenged mid gōdum stānum and gōdum gifum,

6. Þās þing þe gē gesēoð, þā dagas cumað on þām ne bið stān lǣfed ofer stān þe ne bēo tōworpen.

7. Þā āhsodon hig hine, Lā Bebēodend, hwænne bēoð þās þing, and hwylce tācna bēoð þonne þās þing gewurðaþ?

8. Ðā cwæþ hē, Warniað þæt gē ne sȳn beswicene: manege cumað on mīnum naman, and cweðað, Ic hit eom, and tīd genēalǣcð: ne fare gē æfter him.

9. Ne bēo gē brēgede þonne gē gesēoð gefeoht and twȳrǣdnessa: ðās þing gebyrigeað ǣryst, ac nys þonne gȳt ende.

10. Ðā cwæð hē tō him, Þēod ārīst agēn þēode, and rīce agēn rīce;

11. and bēoð mycele eorþan styrunga geond stōwa, and cwealmas, and hungor, and egsan of heofone, and mycele tācna bēoð.

CHAP. XXI. 2. Corp., wydewan.   7. A, tacen.   9. A, ge gebregede; gebyriað ærest.   11. A, eond; egesan; A, B, C, tacnu.

12. Ac tōforan eallum þissum hig nimað ēow and ēhtað, and *syllað* ēow on gesamnunga and on hyrdnyssa, and lǣdaþ ēow tō cyningum and tō dēmum for mīnum naman.

13. Þis ēow gebyrað on gewitnesse.

14. Ne sceole gē on ēowrum heortum foresmēagan, hū gē andswarian:

15. ic sylle ēow mūð and wīsdōm, þām ne magon ealle ēower wiðerwinnan wiðstandan and wiðcweðan.

16. Gē bēoð gesealde fram māgum, and gebrōðrum, and cūðum, and frēondum; and hig ēow tō dēaðe geswęncað.

17. And gē bēoð eallum on hatunga for mīnum naman.

18. And ne forwyrð ān locc of ēowrum hēafde.

19. On ēowrum geþylde gē gehealdað ēowre sāwla.

Ðys godspell gebyrað on wōdnesdæg on þǣre .XI. *wucan* ofer pentecosten.

20. Þonne gē gesēoð Hierusalem mid hęre betrymede, witað þæt hyre tōworpennes genēalǣcð.

21. Þonne flēoð on muntas þā ðe on Iūdēa synt; and nyðer ne āstīgað þā ðe on hyre middele synt; and intō hyre ne magon þā ðe þār ūte synt.

22. Fōr þām ðe þis synt wrace dagas, þæt ealle þing sȳn gefyllede þe āwritene synt.

23. Sōðlīce wā ēacnigendum *wīfum* and fēdendum on þām dagum! þonne bið mycel ofþriccednys ofer eorðan, and yrre þisum folce.

12. MSS.,-syððan (*for* syllað; Marshall). 13. A, gebyreð.
18. Corp., B, C, a (*for* an); A, locc *glossed* hær. B, C, heafode. Rubric, ucan. 19. A, sawle. 20. A, toworpenys.
21. A, mydlene (*for* middele). 23. MSS., wife.

24. And hig feallað on swurdes ęcge, and beoð hæftlingas on ealle þeoda; Hierusalem bið fram þeodum fortreden, oð mægða tīda sȳn gefyllede.

25. And beoð tācna on sunnan, and on mōnan, and on steorran; and on eorðan þeoda forþriccednys, for gedrēfednesse sǣs swēges and ȳða;

26. bifigendum mannum for ęge and anbide þe eallum ymbehwyrfte tō becumað: ðonne beoð heofones myhta āstyrede.

27. And þonne hig gesēoð mannes Sunu on lyfte cumende mid mycelum anwalde and mægenþrymme.

28. Ðonne þās þing āgynnað, beseoð and ēowre hēafdu ūp āhębbaþ, for þām ðe ēower ālȳsednes genēalǣcð.

29. Ðā sǣde hē him sum bigspel: Behealdað þone fīcbēam and ealle trȳwu;

30. þonne hig wæstm bringað, gē witun þæt sumor ys gehęnde.

31. And þonne gē þās þing gesēoð, witað þæt Godes rīce is gehęnde.

32. Sōðlice ic ēow sęcge þæt þēos cnēores ne gewīt ǣr þām þe ealle þās ðing gewurþon.

33. Heofen and eorðe gewītaþ; sōðlīce mīne word ne gewītað.

Ðys godspel gebyrað on frīgedæg on þǣre ęndleftan wucan ofer pentecosten.

34. Warniaþ ēow, þē lǣs ēower heortan gehęfegude sȳn on oferfylle, and on druncennesse, and þises līfes carum, and on ēow sē fǣrlīca dæg becume;

---

24. A, sweordes; Corp., synt (*for* syn).   25. A, tacnu.
28. A, for þam eower.   29. Corp., B, C, þæne; A, treowa.
30. Corp., brincgað; A, bryngað.

35. swā swā grīn hē becymþ on ealle þā ðe sittað ofer eorðan ansȳne.

36. Waciað on ælcere tīde, and *biddað*, þæt gē wurðe sȳn þæt gē þās tōwerdan þing for flēon and standan beforan mannes Suna.

37. Sōðlīce hē wæs on dæg on þām temple lǣrende; and on niht hē ēode and wunode on þām munte þe ys gecweden Olīuēti.

38. And eall folc on morgen cōm tō him tō þām temple, þæt hī hine gehȳrdon.

CHAPTER XXII.

Ðēos passio gebyrað on wōdnesdæg on þǣre palmwucan.

1. Ðā sōðlīce genēalǣhte frēolsdæg azīmōrum, sē is gecweden ēastre.

2. And þāra sācerda ealdras and þā bōceras smēadon hū hig hine forspildon; sōðlīce hig ādrēdon him þæt folc.

3. Ðā ēode Sātanas on Iūdam, sē wæs ōðre naman Scarioth, ān of þām twęlfum.

4. Þā fērde hē and spæc mid þāra sācerda ealdormannum and duguðe ealdrum, hū hē hine him gesealde.

5. And hig fagnedon, and him węddedon feoh tō syllenne.

36. Corp., B, C, bidað; A, byddað.   38. A, mergen.
CHAP. XXII. Rubric, Ðes.   1. A, eastron.   2. C, *om.* and *before* þara; Corp., *om.* sōðlice hig adredon him þæt folc.
5. Corp., B, C, fagenydun.

6. And hē behēt, and hē sōhte hū hē ēaðelīcust hine beæftan þǣre męnego gesealde.

7. Đā cōm sē dæg azīmōrum on þām hī woldon hyra ēastron gewyrcan.

8. And hē sęnde Pētrum and Iōhannem, and cwæð tō him, Farað and gearwiað ūs þæt wē ūrę ēastron gewyrcon.

9. Đā cwǣdòn hig, Hwār wylt tū þæt wē gearwion?

10. And hē cwæð tō him, Nū þonne gē on þā ceastre gāð, ēow agēn yrnð ān man mid wæterbūce; filigeað him on þæt hūs þe hē in gǣð.

11. And sęcgeað þām hūshlāforde, Ūre Lārēow þē sęgð, Hwār ys cumena hūs, þār ic mīne ēastron wyrce mid *mīnum* leorningcnihtum?

12. And hē ēow betǣcð mycele healle gedæfte: gegearwiað *þār*.

13. Đā fērdun hig and gemēttun swā hē him sǣde: and hig gegearwudun ēastrun.

14. And þā tīma wæs, hē sæt, and his twęlf apostolas mid him.

15. And hē sǣde him, Of gewilnunge ic gewilnude etan mid ēow þās ēastron ǣr ic forðfare:

16. ic ēow sęcge þæt ic heonon forð ne ete, ǣr hyt sȳ on Godes rīce gefylled.

17. And [hē] onfēng calice, and þancas dyde, and cwæð, Onfōð, and dǣlað betwux ēow:

6. A, hu he hyne eaðelicost; B, C, eaðelucust. 7. A, adzimorum. 8. A, earwiað. 9. A, wylt þu; gegearwion; C, gearwian. 10. Corp., B, C, þænne; A, and filiað. 11. A, ic nyme eastron and wyrce myd mynum; Corp., B, C, minon (*for* minum). 12. MSS., þaia (*for* þar). 13. A, earwedon eastron; B, C, gearwudun. 14. Corp., B, C, twelfe.

18. sōðlīce ic ēow sęcge þæt ic ne drince of þises wīngeardes cynne, ǣr Godes rīce cume.

19. And hē onfēng hlāfe, and þancude, and him sealde, and cwæð, Ðis is mīn līchama, sē is for ēow geseald : dōð þis on mīn gemynd.

20. And şwā ēac þone calic, syððan hē geeten hæfde, and cwæð, Ðēs calic is nīwe cyðnes on mīnum blōde, sē bið for ēow āgoten.

21. Ðeah hwæðere hēr is þæs lǣwan hand mid mē on mȳsan.

22. And witodlīce mannes Sunu gǣð æfter þām ðe him forestihtud wæs ; þēah hwæðere wā þām męn þe hē þurh geseald bið !

23. And hī āgunnon betwux him smēagan hwylc of him þæt tō dōnne wǣre.

24. And hī flitun betwux him hwylc hyra wǣre yldest.

25. Þā sǣde hē him, Cyningas wealdað hyra þēoda, and ðā ðe anweald ofer hig habbað synt fręmfulle genęmned.

26. Ac nę bēo gē nā swā : ac gewurðe hē swā swā gingra sē þe yldra ys betwux ēow ; and sē þe forestæppend ys, bēo hę swylce hę þęn sȳ.

27. Hwæðer ys yldra, þe sē þe ðēnað, þe sē ðe sitt? witudlīce sē ðe sitt. Ic eom on ēowrum midlene swā swā sē þe ðēnað.

28. Gē synt þe mid mē þurhwunedon on mīnum geswincum ;

29. and ic ēow dihte swā mīn fæder mē rīce dihte,

---

18. A, wyneardes.   19. Corp., B, C, onfengc.   20. Corp., B, C, þæne ; Corp., cyðnys ; A, gecyðnys *altered to* cyðnys.
22. Corp., æter (*for* æfter).   26. A, forestæppende ; sig þen.
27. A, swa (*for* swa swa).

30. þæt gē eton and drincon ofer mīne mȳsan on mīnum rīce, and gē sitton ofer þrymsetl, dēmende twelf mægða Israhēl.

31. Ðā cwæð Drihten, Sīmōn, Sīmōn, nū Sātanas gyrnde þæt hē ēow hrīdrude swā swā hwǣte:

32. ic gebæd for þē þæt ðīn gelēafa ne geteorige; and þū, æt sumum cyrre gewend, getryme þīne gebrōðru.

33. Ðā cwæð hē, Drihten, ic eom gearu tō farenne mid þē ge on cwertern ge on dēað.

34. Ðā cwæþ hē, Ic secge þē, Pētrus, ne crǣwþ sē hana tō dæg, ǣr þū mē [ðrīwa] ætsæcst.

35. Ðā cwæð hē tō him, Þā ic ēow sende būtan sēode and codde and gescȳ, wæs ēow ǣnig þing wana? Ðā cwǣdon hig, Nān þing.

36. Ðā cwæð hē, Ac nū sē þe hæfð sēod, nime, gelīce codd; and sē ðe næfð, sylle his tunecan and bicge him swurd.

37. Sōðlīce ic ēow secge þæt gȳt scyl bēon gefylled þæt be mē āwriten is, And þæt hē mid rihtwīsum geteald wæs: witudlīce þā þing þe be mē synt habbað ende.

38. And hig cwǣdon, Drihten, hēr synt twā swurd. And hē cwæð, Þæt ys genōh.

39. And æfter gewunan, hē ūt ēode on þone munt Olīuārum, þæt ys elebergena; and his leorningcnihtas him fyligdon.

40. And þā hē cōm tō þǣre stōwe, hē sǣde him, Gebiddað þæt gē on costnunge ne gān.

31. A, hrydrode. 32. A, ateorie, *altered to* geteorie. B, geteorie; Corp., B, C, and tryme (*for* getryme). 36. Corp., B, C, seod gelice nime codd; A, seod gelice he nyme codd.; sweord. 37. A, sceal. 38. A, sweord. 39. A, gewuna; Corp., B, C, þæne. 40. A, þa sæde he hym.

41. And hē wæs fram him ālocen swā mycel swā is ānes stānes wyrp; and, gebīgedum cnēowum, hē hyne gebæd,

42. and cwæð, Fæder gif þū wylt, āfyr þysne calic fram mē; þēah hwæðere ne gewurðe mīn willa ac þīn.

43. Þā ætȳwde him Godes engel of heofone, and hyne gestrangode.

44. And hē wæs on gewinne, and hine lange gebæd; and his swāt wæs swylce blōdes dropan on eorðan yrnende.

45. And þā hē of gebede ārās and cōm tō his leorningcnihtum, hē hig funde slǣpende for unrōtnesse;

46. and hē sǣde him, Hwī slāpe gē? Ārīsað and biddað þæt gē on costunge ne gān.

47. Him þā þā gȳt sprecendum, þā cōm þæt wered, and him tōforan ēode ān of þām twelfum, sē wæs genemned Iūdas; and hē genēalǣhte þām Hǣlende þæt hē hine cyste.

48. Ðā cwæð sē Hǣlend, Iūdas, mannes Sunu þū mid cosse sylst?

49. Ðā gesāwon þā ðe him abūtan wǣron þæt þǣr tōwerd wæs, and cwǣdon, Drihten, slēa wē mid swurde?

50. Ðā slōh hyra ān þāra sācerda ealdres þēow and hys swȳðre ēare of ācerf.

51. Ðā andswarude sē Hǣlend, Lǣtað þus. And þā hē æthrān hys ēare, hē hyt gehǣlde.

52. Ðā cwæð sē Hǣlend tō þām ealdormannum and tō þām witum and þæs temples ealdrum, Gē fērdon, swā swā tō ānum sceaðan, mid swurdum and mid sāhlum þæt gē mē gefēngon?

41. A, *om.* is. 45. A, he (*above the line*) *after* com. 46. A, to (*above the line*) *before* him; Corp., B, C, *om.* þæt *after* biddað; A, costnunge. 49. A, sweorde. 50. A, acearf. 52. Corp., B, C, to to anum (*first* to *erased in* B); A, sweordum.

53. Ðā ic wæs dæghwāmlīce on temple mid ēow, ne āþenedon gē ēower handa on mē; ac þis is ēower tīd, and' þȳstra anweald.

54. Ðā nāmon hig hine and lǣddon tō þǣra sācerda ealdres hūse; and Pētrus fyligde feorran.

55. And Pētrus wæs mid him on middan þām cafertūne, þār hig æt þām fȳre sǣton.

56. Ðā hine geseah sum þīnen æt lēohte sittende, and hine behēold, þā cwæð hēo, And þēs wæs mid him.

57. Ðā ætsōc hē and cwæð, Ēalā wīf, ne can ic hyne.

58. And þā embe lȳtel hine geseah ōðer, and cwæð, Þū eart of him. Ðā cwæð Pētrus, Ēalā mann, ic ne eom.

59. And þā æfter lȳtlum fæce swylce ānre tīde, sum ōðer seðde and cwæð, Sōðlīce þēs wæs mid him; witodlīce hē is Galilēisc.

60. Ðā cwæð Pētrus, Ēalā man, nāt ic hwæt þū segst. And þā hig þæt sprǣcon, samninga sē hana crēow.

61. Þā Drihten bewende hine and beseah tō Pētre: ðā gemunde Pētrus Drihtnes wordes þe hē cwæð, þæt ðū mīn ætsæcst þrīwa tō dæg ǣr sē hana crāwe.

62. Ðā ēode Pētrus ūt and biterlīce wēop.

63. And þā ðe þone Hǣlend hēoldon, hine bysmrodon and bēoton,

64. and oferwrugon hys ansȳne, and þurhsun his nebb, and āhsodon hyne, Ārǣd, hwylc ys sē ðe þē slōh?

65. And manega ōðre þing hig him tō cwǣdon dysigende.

66. And þā ðā dæg wæs, þā tōgædere cōmun þæs folces yldran and þāra sācerda ealdermenn and bōceras, and lǣddon hine tō hyra gemōte, and cwǣdon,

60. A, B, C, samnunga. 61. B, C, crewe. 63. Corp., B, C, þæne. 64. A, þurcson. 65. A, dysgiende.

67. Sęge ūs gif þū sȳ Crīst. Ðā cwæþ hē, Þēah ic ēow sęcge, gē mē ne gelȳfaþ;

68. Þēh ic ēow āhsige, gē ne andswariaðˇ mē, nē ne forlætað.

69. Heonun forð bið mannes Sunu sittende on Godes mægnes swȳþran healfe.

70. Ðā cwædon hig ealle, Eart þū Godes Sunu? Ðā cwæð hē, Gē sęcgað þæt ic eóm.

71. And hig cwædon, Hwī gyrne wē gȳt gewitnesse? sylfe wē gehȳrdon of hys mūðe.

CHAPTER XXIII.

1. Ðā ārās eall hyra męnegeo, and læddon hine tō Pīlāte;

2. and āgunnon hyne wrēgan and cwædon, Ðisne wē gemētton forhwyrfende ūre þēode, and forbēodende þæt man þām Cāsere gafol ne sealde; and sęgð þæt hē sī Crīst cyning.

3. Ðā āhsode Pīlātus hine, Eart þū Iūdēa cyning? Ðā andswarude hē, Þū hit sęgst.

4. Þā cwæð Pīlātus tō þām ealdrum and þām werede, Ne finde ic nānne intingan on þysum męn.

5. Ðā hlȳddon hig and cwædon; Hē āstyrað þis folc, lærende þurh ealle Iūdēam, āgynnende of Galilēa oð hyder.

67. Corp., gemne (*for* ge me ne). 68. A, þeah. 69. A, mægenes.
CHAP. XXII. 2. A, ongunnon; cweðan; forhwyrfedne. 3. Corp., B, C, cining. 4. A, nænne. 5, 6. Corp., *om*. *from* galilea *to* gehyrde.

6. Ðā Pīlātus gehȳrde Galilēam, hē āhsude hwæðer hē wǣre Galilēisc man.

7. And þā hē gecnēow þæt hē wæs of Hērōdes anwalde, hē hine agēn sęnde tō Hērōde; hē wæs on þām dagum on Hierusalem.

8. Sōðlīce Hērōdes fagnude, þā hē þone Hǣlend geseah: mycelre tīde hē wilnode hine gesēon, for þām ðe hē gehȳrde mycel be him; and hē hopode þæt hē gesāwe sum tācen þe fram him gewurde.

9. Þā āhsode hē hine manegum wordum; and hē nāht ne andswarude.

10. Ðā stōdon þāra sācerda ealdras, hine ānrǣdlīce wrēgende.

11. Þā oferhogode Hērōdes hine mid his hīrēde, and bysmrode hine gescrȳdne hwītum rēafe, and hyne agēn sęnde tō Pīlāte.

12. And on þām dæge wurdun Hērōdes and Pīlātus gefrȳnd: sōðlīce hig wǣron ǣr gefȳnd him betwȳnan.

13. Ðā cwæð Pīlātus tō þāra sācerda ealdrum and duguðe ealdrum and tō þām folce,

14. Gē brōhton mē þisne man swylce hē þis folc forhwyrfde; and nū ic beforan ēow āhsiende, ic nānne intingan findan ne mæg on þissum męn of þām þe gē hine wrēgað;

15. nę furðun Hērōdes: ic hine sęnde agēn tō him; and him nāht þǣslīces dēaðe gedōn wæs.

16. Ic hine gebētne forlǣte.

17. Niede hē sceolde him forgyfan ānne tō hyra frēolsdæge.

8. A, fahnode; Corp., B, C, þæne; Corp., geseon *altered from* geseah.   11. Corp., mid hyrede; A, here (*for* hirede).   12. A, betweonan.   14. A, *om*. ic *after* nu.   16. A, gebendne, *altered by late hand to* soðlice gebetne.   17. A, Nede *altered to* Nyde.

GOSPEL OF ST. LUKE.

18. Þā hrȳmde eall þæt folc ætgædere and cwæþ, Nim þisne and forgyf ūs Barrabban.

19. Sē wæs for sumere twȳrǣdnesse and manslyhte on cwertern āsęnd.

20. Eft spæc Pīlātus tō him, and wolde forlǣtan þone Hǣlend.

21. Ðā hrȳmdon hig and cwǣdon, Āhōð hine, āhōð hine.

22. Ðā cwæð hē tō him þriddan sīðe, Hwæt dyde þēs yfeles? ne mētte ic nān þing yfeles on þissum męn þæt hē sī dēaþes scyldig : ic hine þrēage and forlǣte.

23. And hig āstōdon, and mycelre stefne bǣdon þæt hē wǣre āhangen; and hyra stefna swīðredon.

24. [*Et Pilatus adjudicavit fieri petitionem eorum.*]

25. And hē forgef him þone þe wæs for manslyhte and sumere sace on cwerterne, þone hī bǣdon, and þone Hǣlend hē sealde tō hyra willan.

26. And þā hig hine lǣddon, hī gefēngon sumne Cyreniscne, Sīmōnem, sē cōm of þām tūne, and þā rōde him onsętton þæt hē hī bǣre æfter þām Hǣlende.

27. Him fyligde mycel wered folces and wīfa, þā hine hēofun and wēopun.

28. Þā cwæþ sē Hǣlend tō *him* bewęnd, Ēalā dohtra Hierusalem, nelle gē ofer mē wēpan, ac wēpað ofer ēow sylfe, and ofer ēower bearn.

19. A, cweartern.   20. A, pilatus spræc; Corp., B, C, þæne.
21. B, aho *followed by an erasure of one letter (twice)*.   22. A, B, C, gemette; A, *om*. yfeles *after* þing; *late hand inserts* soðlice *before* þreage, *and* swa *before* forlǣte.   23. A, stemne (*first time*).   24. MSS., *om*.   25. A, forgeaf; B, C, þæne (*first and third times*); A, cwearterne.   26. A, *late hand inserts above the line* man *after* cyreniscne; Corp., B, C, þan tune.   27. Corp., B, C, fylide; A, heofedan.   28. Corp., B, C, *om*. to him; A, to heom (*late hand, above the line*); eowre.

29. For ðām þe þā dagas cumað on þām hig cweþað, Ēadige synt þā untȳmendan, and þā innoþas þe ne cęndun, and þā brēost þe ne sictun.

30. Þonne āgynnað hig cweðan tō þām muntum, Feallað ofer ūs; and tō beorgum, Oferwrēoð ūs.

31. For þām gif hig on grēnum trēowe þās þing dōð, hwæt dōð hig on þām drīgean?

32. And mid him wǣron gelǣdde twēgen ōðre mānfulle, þæt hig wǣron ofslęgene.

33. And syððan hig cōmon on þā stōwe þe is genęmned Caluārie, þæt is hēafodpannan stōw, þār hig hine hēngon, and ānne sceaþan on his swīðran healfe, and ōðerne on his wynstran.

34. Ðā cwæð sē Hǣlend, Fæder, forgyf him, for þām hig nyton hwæt hig dōð. Sōðlīce hig dǣldon hys rēaf, and wurpun hlotu.

35. And þæt folc stōd geanbīdiende; and þā ealdras hine tǣldon mid him and cwǣdon, Ōþre hē gehǣlde, gehǣle hē nū hine sylfne gif hē sig Godes gecorena.

36. And þā cęmpan hine bysmredon, and him ęced brōhton,

37. and þus cwǣdon, Gif þū sī Iūdēa cyning, gedō þē hālne.

38. Ðā wæs his ofergewrit ofer hine āwriten Grēciscum stafum and Ebrēiscum, Þis is Iūdēa *Cyning*.

39. Ān of þām sceaþum þe mid him hangode hine gręmede and cwæþ, Gif þū Crīst eart, gehǣl þē sylfne and unc.

29. Corp., B, C, for ðam þa dagas; þa untymyndan and innoþas; A, þa *before* innoþas (*late hand, above the line*); sycton. 31. A, drigum. 32. Corp., *om.* oðre. 33. A, ænne; þa wynstran (*for* his wynstran). 35. Corp., B, C, *om.* he nu, *supplied in* A *by late hand, above the line*. 36. Corp., bymredon. 37. Corp., cining. 38. Corp., B, C, cining; A, cyningc. 39. C, *om.* eart.

40. Ðā andswarude sē ōþer and hine þrēade and cwæð, Nē þū God ne ondrǣtst þæt ðū eart on þǣre ylcan genyðerunge?

41. And wyt witodlīce be uncer ǣrdǣdum onfōð; sōðlīce þēs nāht yfeles ne dyde.

42. And hē cwæþ tō þām Hǣlende, Drihten, gemun þū mē þonne þū cymst on þīn rīce.

43. Ðā cwæþ sē Hǣlend tō him, Tō dæg þū bist mid mē on Paradīso.

44. Þā wæs nēan sēo syxte tīd, and þȳstro wǣron ofer ealle eorþan oð þā nigoþan tīde;

45. and sunne wæs āþȳstrod, and þæs temples wāhryft wearð tōslyten on middan.

46. Ðā cwæð sē Hǣlend, clypiende mycelre stefne, Fæder, ic bebēode mīnne gāst on þīnre handa. And þus cweþende hē forþfērde.

47. Þā sē hundredman geseah þæt þār geworden wæs, hē God wuldrode, and cwæð, Sōþlīce þes man wæs rihtwīs.

48. And eall þæt wered þe æt þisse wǣfersȳnne wǣron and gesāwon þā þing þe gewurdon, wǣron agēn gewęnde and hyra brēost bēoton.

49. Ðā stōdon ealle hys cūþan feorran, and þā wīf þe him fyligdon fram Galilēa, þās þing gesēonde.

50. And þā ān man, on naman Iōsēp, sē wæs gerēfa, gōd wer and rihtwīs;

51. þēs ne geþwǣrode hyra geþeahte and hyra dǣdum;

---

40. C, ondræst. 41. C, *om.* be. 44. A, neah. 46. A, stemne; bebeode *glossed, by late hand,* tæce. 48. Corp., B, C, *om.* þæt *before* wered, *supplied in* A *by late hand*; A, *late hand introduces* þær *before* gewurdon; Corp., B, *om.* and *before* hyra breost. 50. A, ioseph.

fram Arimathīa, Iūdēa ceastre, sē sylfa geanbīdude Godes rīce.

52. Þĕs genēalǣhte tō Pīlāte, and bæd þæs Hǣlendes līchaman;

53. and nyðer ālēde hyne, and on scȳtan befēold, and lēde hine on āhēawene byrgene on þǣre næs þā gȳt nǣnig ālēd.

54. And þā wæs sē dæg parascēuē, þæt is gegearwunge, and sæterdæg onlȳhte.

55. Ðā wīf þe him fyligdon þe cōmon mid him of Galilēa, hig gesāwon þā byrgene and hū his līchama ālēd wæs.

56. And hig cyrdon and gearwodon wyrtgemang and sealfa; and on sæterndæg hig gestildon æfter bebode.

CHAPTER XXIV.

1. On ānum restedæge, swȳþe ǣr on dægrēd, hig cōmun tō þǣre byrgene and bǣron mid him þā wyrtgemang þe hī gegearwodon.

2. And hig gemētton þone stān āwyltne of þǣre byrgene.

3. And þā hī in tō þǣre byrgene ēodon, hig ne gemētton nā þæs Hǣlendes līchaman.

4. And þā wæs geworden þā hig on mōde āfǣrede wǣron be þyssum, þā stōdon twēgen weras wið hig on hwītum rēafe.

54. A, geearwunge sæternesdæg (*om.* and). 56. Corp., geawodun; A, gearwedon; C, gearwo; A, sætcrdæg.
CHAP. XXIV. 1. Corp., B, C, dægered; A, geearwedon.
2. Corp., B, C, þæne; A, awyledne. 3. A, byrgenne.
4. Corp., B, C, afæryde; þyson; A, wæron æfærede be þyssum.

5. And þā hig ādrēdon and hyra andwlitan on eorþan hyldun, hig cwǣdon tō him, Hwī sēce gē lybbendne mid dēadum?

6. Nis hē hēr, ac hē ārās: geþęncaðˈ hū hē spæc wið ēow þā gȳt þā hē wæs on Galilēa,

7. and cwæð, þæt mannes Sunu bið geseald on handa synfulra manna and *bið* āhangen, and þȳ þriddan dæge *ārīseð*.

8. And hig gemundon his worda.

9. And hig gewęndon fram þǣre byrgene, and cȳddon eall þis þām ęndlufenum and eallum ōðrum.

10. Sōþlīce wæs Marīa Magdalēnē and Iōhanna and Marīa Iācōbi and ōðre þe mid him wǣron, þā sǣdon þās þing þām apostolum.

11. And þās word wǣron geþūhte beforan him swā wōffung; and hig ne gelȳfdon him.

12. Þā ārās Pētrus and arn tō þǣre byrgene, and ālūtende hē geseah þā līnwǣda sylfe ālēde; and hē fērde wundrigende þæs þār geworden wæs.

Ðys [godspel] gebyrað on ōðerne ēasterdæg.

13. And þā fērdon twēgen of him on þæt castel þæt wæs on fæce syxtig furlanga fram Hierusalem, on naman Emaus.

14. And hig spǣcon him betwȳnan be eallum þām þe þār gewordene wǣron.

15. And þā hig spelledon and mid him smēadon, sē Hǣlend genēalǣhte and fērde mid him.

5. A, ondredon.   6. A, þe (*for second* þa).   7. C, þriddan *closes leaf* 66; *the next leaf is lost; leaf* 67 *begins with* dæg *verse* 29; MSS., beon ahangen; arisan.   9. A, endleofenum. Corp., woffunng.   12. Corp., byrgyn.   15. Corp., genealæchte.

16. Sōðlīce hyra ēagan wǣrun forhæfde þæt hig hine ne gecnēowun.

17. And hē cwæþ tō him, Hwæt synt þā spǣca þe gyt ręccëað inc betwȳnan gangende, and synt unrōte?

18. Ðā andswarude him ān, þæs nama wæs Cleofas, and cwæð, Eart þū āna forwrecen on Hierusalem, and nystest þū þā þing þę on hyre gewordene synt on ðysum dagum?

19. Hē sǣde þā, Hwæt synt þā þing? And hig sǣdon, Be þām Nāzareniscean Hǣlende, sē wæs wer and wītega mihtig on spǣce and on weorce beforan Gode and eallum folce:

20. and hū hine sealdun þā hēahsācerdas and ūre ealdras on dēaðes genyþerunge, and āhēngon hine.

21. Wē hopedon þæt hē tō ālȳsenne wǣre Israhēl. And nū is sē ðridda dæg tō dæg þæt þis wæs geworden.

22. And ēac sume wīf of ūrum ūs brēgdon, þā wǣron ǣr lēohte æt þǣre byrgene;

23. and nā his līchaman gemēttun: hig cōmon and sǣdun þæt hig gesāwun ęngla gesihðe, þā sęcgað hine lybban.

24. And þā fērdun sume of ūrum tō þǣre byrgene, and swā gemētton swā þā wīf sǣdon; hine hig ne gesāwon.

25. Ðā cwæð sē Hǣlend tō him, Ēalā dysegan, and on heortan lǣte tō gelȳfenne eallum þām þe wītegan spǣcon!

26. Hū ne gebyrede Crīste þās þing þoligean, and swā on his wuldor gān?

17. Corp., þæ gyt.   18. A, B, cleophas.   19. A, nazarenyscan.   20. A, And hu hig hine.   21. A, he alysende wære ysrahel (wære *above the line*).   22. A, hus (*for* us).   24. A, and ferdon; Corp., byrgyne.   26. A, þolian.

27. And hē rĕhte him of Moyse, and of eallum hāligum gewritum þe be him āwritene wǣron.

28. And hig genēalǣhton þām castele þe hig tō fērdun; and hē dyde swylce hē fyrr faran wolde.

29. And hig nȳddon hyne, and cwǣdon, Wuna mid unc for þām þe hit ǣfenlǣcð and sē dæg *is* āhyld. And hē in ēode þæt hē mid him wunude.

30. And þā hē mid him sæt, hē onfēng hlāf and hine blētsude and bræc, and him rǣhte.

31. Þā wurdon hyra ēagan geopenude, and hig gecnēowon hine, and hē gewāt fram him.

32. And hig cwǣdon him betwȳnan, Næs uncer heorte byrnende þā hē on wege wið unc spæc, and unc hālige gewritu ontȳnde?

33. And hig ārison on þǣre ylcán tīde and wĕndon tō Hierusalem, and gemētton ĕndlufan gegaderude and þā ðe mid him wǣron,

34. and cwǣdun þæt Drihten sōðlīce ārās, and Sīmōne ætȳwde.

35. And hig rĕhton þā þing þā ðe on wege gewordene wǣron, and hū hig hine oncnēowun on hlāfes brice.

Ðys [godspel] gebyrað on þryddan easterdæg.

36. Sōðlīce þā hig þis sprǣcon, sē Hǣlend stōd on hyra midlene, and sǣde him, Sib sȳ ēow; ic hit eom, ne ondrǣde gē ēow.

37. Ðā wǣron hig gedrēfede and āfǣrede, and hig wēndon þæt hig gāst gesāwon.

38. And hē, sǣde him, Hwī synt gē gedrēfede, and geþancas on ēowre heortan āstīgað?

28. Corp., geneahton (*for* genealæhton); Corp., B, fyr. 29. MSS., wæs ahyld; C, *begins again at* dæg. 30. B, C, onfencg. 33. A, *om.* on; endleofen.

39. Geseoð mīne handa and mīne fēt, þæt ic sylf hit eom: grāpiað, and geseoð þæt gāst næfþ flǣsc and bān swā gē geseoð mē habban.

40. And þā hē þis sǣde, hē ætēowde him fēt and handa.

41. Ðā cwæð hē tō him, þā hig þā gȳt ne gelȳfdon and for gefēan wundredon, Hæbbe gē hēr ǣnig þing tō etenne?

42. And hig brōhton him dǣl gebrǣddes fisces and bēobrēad.

43. And þā hē ǣt beforan him, hē nam þā lāfa and him sealde,

44. and cwæð tō him, Þis synt þā word þe ic spæc tō ēow, þā ic wæs þā gȳt mid ēow, for þām þe hit is nēod þæt bēon ealle þing gefyllede þe āwritene synt on Moyses ǣ, and on witegan, and on sealmum, be mē.

45. Ðā atȳnde hē him andgyt, þæt hig ongēton hālige gewritu.

46. And hē cwæð tō him þæt ðus is āwriten and þus gebyrede Crīste þolian, and þȳ ðriddan dæge of *deadum* ārīsan;

47. and bēon bodud on his naman dǣdbōte and synna forgyfenesse on ealle þēoda, āgynnendum fram Hierusalem.

48. Sōðlīce gē synt þinga gewitan.

49. And ic sende on ēow mīnes Fæder behāt: sitte gē on ceastre oð gē sȳn ufene gescrȳdde.

50. Sōðlīce hē gelǣdde hig ūt on Bethaniam, and hē blētsode hig, his handum ūp āhafenum.

---

40. A, *om.* þa; ætywde.   41. A, *om.* her; etanne.   44. Corp., B, C, þe be me awritene.   45. A, ontynde; ongeaton.
46. Corp., B, C, crist: deaðum; A, deaðe.   49. A, oððe (*for* oð ge).

51. And hit wæs geworden þā hē blētsude hig, hē fērde fram him, and wæs fẹred on heofen.

52. And hig gebiddende hig gehwurfon on Hierusalem mid mycelum gefēan ;

53. and hig wǣron symle on þām temple, God hẹrgende and hyne ēac blētsigende. Amen.

51. B, *from* þa he *to the end of the chapter is supplied on a new leaf (of the sixteenth century), the text agreeing exactly with* Corp. 52. A, *om.* mid. 53. A, herigende ; C, heregende.

NOTES.

[The Latin citations are from the Clementine Vulgate, *Tournay*, 1881.]

Chapter 1: verse 1 (rubric). **on middesumeres mæsseæfen.** Midsummer festival (near the time of the summer solstice) celebrated the nativity of St. John the Baptist on the 24th day of June (cf. 1. 56, rubric).

3. The emendation of the text is required by the sense and construction of the original : *Visum est et mihi, assecuto omnia a principio diligenter, ex ordine tibi scribere, optime Theophile.*

4. **gelǣred eart**: *eruditus es.*

5. *de vice Abia*: **of Abīan tūne** (for **gewrīxle**; cf. **gewrīxles**, v. 8); the translator possibly mistook *vice* for *vico* (Marshall).

6. Ælfric (Hom. 1. 352): 'Hī būtū wǣron rihtwīse ætforan Gode, on his bebodum and rihtwīsnyssum forðstæppende būtan tāle.'—(Hom. 1. 200): 'Hī būtū wǣron rihtwīse, and hēoldon Godes beboda untǣllīce.'

7. Ælfric (Hom. 1. 202): 'Ðā wǣron hī būtan cilde oð þæt hī wǣron forwerede menn.'

9. **hlotes, hē ēode**, etc.: *sorte exiit ut incensum poneret, ingressus in templum Domini. exiit*, in the idiom expressing the process of drawing lots, is mistranslated by **ēode**. In the native idiom we should have : þæt hlot wīsode þæt hē þā offrunga sętte (or, sęttan sceolde); the incorrect version would be translated : 'according to the custom of the lot of the priest's office, he went,' etc.

26 (rubric). **on wōdnesdæg**, etc., i.e. on Wednesday of the December Ember-week.

27. The construction is strongly influenced by the original: *Ad virginem desponsatam viro, cui nomen erat Ioseph, de domo David, et nomen virginis Maria;* cf. Ælfric (Hom. 1. 194): 'tō

ðām mædene þe wæs María gehāten, and hēo āsprang of Dāuīdes cynne, þæs māran cyninges, and hēo wæs bewęddod þām rihtwīsan Iōsēpe.'

28. **Hāl wes ðū** : *Ave*.

35. **þæt hālige.** The version is in accord with the adopted punctuation of the Latin : *quod nascetur ex te Sanctum, vocabitur Filius Dei;* cf. the modern versions.

39 (rubric). **on frīgedæg,** etc., i. e. on Friday of the December Ember-week.

44. **fahnude** : *exsultavit in gaudio.*

45. The second person is in accord with many of the Vulgate MSS., and with most of the Old-Latin. **þæt fulfremede sȳnd** : *quoniam perficientur. quoniam* ('for,' 'because') is here rendered as *quia* ('that').

50. Notice the close and mechanical agreement with the original : *Et misericordia eius a progenie in progenies timentibus eum.*

63. *Et postulans pugillarem scripsit.* The dative absolute (**gebedenum wexbrede**) introduces a variation from the construction in the original.

73. **hyne ūs tō syllenne,** etc.: *iusiurandum . . . daturum se nobis.* The rendering is mechanical, and incorrect in making **ūs** the object of **tō syllenne.**

78. **of ēastdǣle ūp springende**: *oriens ex alto.*

2. 1 (rubric).—**On myddewyntres mæssenyht** : i. e. on Christmas eve.

3. **and syndrige fērdon,** etc. The translator apparently read : *et proficiscerentur singuli* in place of the true reading *ut profiterentur* (Marshall). Ælfric has a free and correct rendering (Hom. 1. 34) : 'Ealle ðēoda þā fērdon þæt ǣlc synderlīce be him sylfum cęnnan sceolde on ðǣre byrig þe hē tō hȳrde.'

5. **fērde** mistranslates *profiteretur* with the sense of *proficisceretur* (cf. the preceding note) ; Ælfric (Hom. 1. 30) has 'wolde andettan.'

14. *Gloria in altissimis Deo, et in terra pax hominibus bonae voluntatis;* Ælfric (Hom. 1. 30) : 'Sȳ wuldor Gode on hēannyssum, and on eorðan sibb mannum þām ðe bēoð gōdes willan.'

17. **oncnēowon**: *cognoverunt,* 'they understood.'

21 (rubric). **on þone ehtōðan mæssedæg tō myddanwintra,** i. e. on the Octave of the Nativity ; the feast of the Circumcision, Jan 1 (cf. Ælfric, Hom. 1. 90).

25. **rihtwīs.** The Latin has *iustus et timoratus*.

33 (rubric). **on sunnandæg**, etc., i.e. the Sunday between the Feast of the Nativity and the Epiphany.

36. **þeos wunude manigne dæg**: *hæc processerat in diebus multis*; cf. the similar expression at 1. 7.

42. **tō þām ēasterlīcan frēolse**, etc.: *secundum consuetudinem diei festi*. The translation is independent and clear.

43. **And gefylledum dagum**: *consummatisque diebus*. Other instances of the dative absolute (usually translating the Latin ablative absolute) will be easily recognized at 3. 1, 15, 21; 4. 2, 13, 42; 6. 10, 48; 7. 9; 8. 29; 9. 37, 43; 12. 1; 17. 7; 19. 28; 20. 45; 21. 26; 24. 47.

46. **sittende ... hlystende ... āhsiende**; uninflected acc. sg. masc. (for **sittendne**, etc.) agreeing with **hine**: *sedentem in medio doctorum, audientem illos, et interrogantem eos*.

48. Notice the omission at the beginning: *Et videntes admirati sunt*.

3. 1 (rubric). **tō ǣwfæstene**. An **ǣw-** (or **ǣ-**) **fæst**, 'legitimate fast,' is an appointed fast of forty days; three such fasts are provided for: '**Ðrēo ǣfæstenu syndon on gēare**' (Thorpe, *Ancient Laws and Institutes of England*, 1840, p. 358); the first (the Lenten Fast) falls just before Easter; the second, after Pentecost (or sometimes, before Mid-summer): the third, just before Mid-winter (Christmas). The rubric here designates the last Saturday of the third **ǣfæsten**, which is also the Saturday of the December Ember-week.

1. *Anno autem quintodecimo imperii Tiberii Caesaris, procurante Pontio Pilato Iudaeam, tetrarcha autem Galilaeae Herode, Philippo autem fratre ejus tetrarcha Iturgeae, et Trachonitidis regionis, et Lysania Abilinae tetrarcha*. The translation will be at once understood after observing that **feorðan dǣles rīca** renders *tetrarcha* (cf. chap. 9. 7 and Matt. 14. 1), and that the nominative, **rīca** (the construction requiring the dative, **rīcan**, in agreement with **Hērōde**, **Philippo** and **Lisania**) is apparently due to the ambiguity in the case-form of *tetrarcha* (the ablative being mistaken for the nominative).

3. **and synna forgyfenesse**: *in remissionem peccatorum*. It is possible that the original copy had **on**, from which the transcribers made **ǫnd** (**and**, ⁊).

4, 5. Ælfric's translation may be compared (Hom. 1. 360):

'stemn clypigendes on wēstene, Gearciaðˇ Godes weig, dōðˇ rihte his paðas. Ǣlc dęne biðˇ gefylled, and ǣlc dūn biðˇ geēadmēt, and ealle wōhnyssa bēoðˇ geɿihte, and scearpnyssa gesmēðˇode.'

15. The dative absolute, in accordance with the Latin ablative absolute: *Existimante autem populo, et cogitantibus omnibus in cordibus suis de Ioanne, ne forte ipse esset Christus.*

23. *Et ipse Iesus erat incipiens quasi annorum triginta, ut putabatur, filius Ioseph. incipiens* is omitted, and *ut* is mistranslated as introducing a clause of purpose or of result. *incipiens* is omitted in one Vulgate (M) and two Old-Latin MSS. in Wordsworth's *Vulgate*.

24-38. This summary of the genealogy is a feature peculiar to the Anglo-Saxon version. Marshall suggests that **Nāzˇareth** is a scribal blunder for *Mathat;* Bosworth's suggestion is altogether less probable: 'The scribe, in abruptly breaking off the genealogy, may have confounded Hēlies with Hǣlend, and have added, sē wæs Nāzareth, from a natural association of the Saviour's name with his residence at Nazareth.' In two Vulgate MSS. (Wordsworth's *Vulgate*, p. 328) the correctors have added at the end of the chapter, 'generationes lxxv.'

4. 5. *Et duxit illum diabolus.* The best Vulgate MSS. omit *in montem excelsum.*

18. Notice the double construction with **bodian. forbrocene gehǣlan** corresponds in position to *dimittere confractos in remissionem*, 'to set at liberty them that are bruised,' but in sense it agrees closely enough with the preceding (spurious) clause *sanare contritos corde*, 'to heal the broken-hearted.'

19. *praedicare annum Domini acceptum, et diem retributionis,* which is the regular Vulgate reading.

22. **be þām wordum** : *in verbis gratiae.*

29. **ofer ðæs muntes cnæpp** : *usque ad supercilium montis.* ofer (the sense requiring oðˇ) is apparently due to a substitution of *super* (from *super-cilium*) for *usque ad.*

35. **ūt ādrǣf**: *proiecisset.* We should rather expect a verb like **āwearp.**

42. **Ðā gewordenum dæge**: *Facta autem die.* Absolute construction.

5. 4. **on þone fiscwēr** : *in capturam*, 'for a draught of fishes'; an exceptional use of **on**, resulting from a close adherence to the original. The usual meaning of **wēr** is 'weir,' 'dam,' and *captura*

CH. 3. 15.—6. 43. 113

s glossed *locus piscosus* (Hessels, C. 181); however a tenth-century gloss has '*captura, detentio, captio, hæft* vel *wer*' (Wright-Wülker, 198. 40), which is just the meaning it has here and at verse 9, below.

10. **Iācōbus and Iōhannes.** The MSS. read **Iācōbum and Iōhannem**, an error due to direct transference from the Latin in violation of the construction (cf. the original: *Stupor enim circumdederat eum, et omnes, qui cum illo erant, in captura piscium quam ceperant: similiter autem Iacobum et Iohannem, filios Zebedaei, qui erant socii Simonis*).

18. The close of the verse (*et quaerebant eum inferre, et ponere ante eum*) is in part incorporated into the beginning of the next verse.

19. for þǣre menigo þe mid þām Hǣlende wæs: *prae turba*; such expansion is unusual.

27. **sittende** (for **sittendne**): *sedentem*.

38. **þonne bēoð būtū gehealdene**: *et utraque conservantur*. The MSS. agree in the mistranslation, **þonne bēoð þā bytta gehealdene**, from which it appears that the translator confused *utraque* with *utres* (Marshall); cf. Mt. 9. 17: **and ǣgðer byþ gehealden**: *et ambo conservantur;* and Mk. 2. 22: **þonne bēoð būtū gehealden**.

6. 1. **on þām æfteran restedæge ǣryst**: *in sabbato secundo primo*. The Vulgate mechanically translates the Greek, ἐν σαββάτῳ δευτεροπρώτῳ, and the Anglo-Saxon translator maintains a similar relation to the Latin.

5. The order of the words is due to the Latin: *Quia Dominus est Filius hominis, etiam sabbati*.

10. The Latin texts vary: *Et circumspectis (illis) omnibus (in ira) dixit homini*.

20. **Ēadige synd gē þēarfan on gāste**: *Beati pauperes*. The expansion, **on gāste** (*spiritu*), is due to a variant reading found in some MSS. (cf. Mt. 5. 3).

22. **ēhtað** requires the reading *persecuti vos fuerint* (as at Mt. 5. 11) in place of *separaverint vos* (Marshall).

24. **wā ēow weligum**: *vae vobis divitibus*. The MSS. read **witegum**, for which Marshall substitutes **weligum**.

27. **Ac ic ēow secge**, etc.: *se vobis dico, qui auditus*. The translator apparently had in mind *quia* instead of *qui* (Marshall).

43. Observe the influence of the Latin in the use of **dōn**: *Non*

I

est enim arbor bona, quae facit fructus malos: neque arbor mala faciens fructum bonum (cf. Mt. 7. 17 : **Swā ǣlc gōd trēow byrþ gōde wæstmas**, etc. : *Sic omnis arbor bona fructus bonos facit*, etc.).

48. **Hē ys gelīc timbriendum męn his hūs**: *Similis est homini aedificanti domum.* Notice also the corresponding clause in the next verse.

7. 22. **þearfum is gebodod** : '*pauperes evangelizantur.*' The MSS. read **þearfan bodiað**.

24–26. The substitution of **hwī** for **hwæt** occasions a curious disturbance of the sense. In the corresponding passage at Mt. 11. 7–9, this use of **hwī** is also found, except in one instance (verse 9) where the correct form, **hwæt**, is used. The emendation at the close of verse 25, required by the original text, *in domibus regum sunt*, is given according to Mt. 11. 8.

29. **þā sundorhālgan** in this instance translates *publicani*, for which the proper equivalent is **þā mānfullan** (cf. verse 34); this error contradicts the sense of the following verse, where **þā sundorhālgan**=*pharisaei*, has its usual meaning.

8. 23. *et complebantur et periclitabantur.* The first of these words is omitted in the translation (cf. Old-Lat. MS. *e*), and **forhtodon**, which corresponds to the second, gives emphasis to the effect of the peril on the mind.

30. **legio, þæt is on ūre geþēode, ēored.** For similar defining expansions, see 11. 12 ; 22. 39, and 23. 33, 54.

49. **Ne dręce þū hine** : *Quia mortua est filia tua, noli vexare illum.* Notice the omission.

9. 3. **nē gē nabbon.** It were better to read **nē nabbe gē**.

6. **Ðā fērdon hig** : *Egressi autem circuibant.*

10. **Þā cȳddun him**, etc. : *Et reversi Apostoli, narraverunt illi*.

20. **Ðū eart Crīst, Godes Sunu** : *Christum Dei.*

34. **gangende** is nom. pl. agreeing with **hī** ; the Latin employs the ablative absolute : *intrantibus illis in nubem*.

39. **and hyne tyrð and slīt** : *et vix discedit dilanians eum* ('and it hardly departeth from him, bruising him sorely '). The translator omits *vix* and apparently confounds in meaning *discedit* with *discidit*.

43. **þe gewurdun** : *quae faciebat.* The translator appears to have had *fiebant* in mind, which is indeed found in two Vulgate MSS. (C W).

CH. 6. 48.—11. 25.   115

45. **Ða þōhton hig þis word**: *At illi ignorabant verbum istud.*
The incorrectness of **þōhton** is established by Mark 9. 32, where the same expression is correctly translated: **Ða nyston hi þæt word.** **þōhton** requires *cogitabant* (Marshall).

46. **Sōðlīce þæt geþanc ēode on hig**: *Intravit autem cogitatio in eos.* The closeness of the translation is to be noticed.

55, 56. The Latin MS. here followed did not contain the intermediate clauses: *dicens; Nescitis cuius spiritus estis. Filius hominis non venit animas perdere, sed salvare* (cf. the modern versions, and see Wordsworth's *Vulgate*, p. 375).

10. 1. **twā and hundseofantig.** The Latin MSS. vary: *septuaginta (duos)*; so also at verse 17, below.

13. **on axan**: *cinere sedentes.*

21. **for þām hit beforan þē**, etc.: *Etiam Pater* is omitted.

30. **Ða cwæþ**, etc.: *Suscipiens (suspiciens) autem Iesus, dixit.*

34, 35. **and gelǣdde on his lǣcehus**, etc.: *duxit in stabulum, et curam eius egit. Et altera die protulit duos denarios, et dedit stabulario.* "The translator seems not to have kept close to the text, but to have rendered the passage in accordance with the part played by the Good Samaritan. A more literal translation is given *Cura Past.* p. 125, where *in stabulum* is rendered **tō ðǣm giesðhūse (giesthūse).**" Bosworth-Toller *Dict. s.v.* **lǣce-hūs.**

11. 2–4. **þū ðe on heofone eart,** etc. The translator gives the fuller form of the Lord's Prayer; cf. the modern versions.

8. The first clause, *Et si ille perseveraverit pulsans*, is wanting in many Latin MSS.

11, 12. Compare Ælfric's translation (Hom. 1. 250): 'Hwilc fæder wile syllan his cilde stān, gif hit hine hlāfes bitt? oþþe næddran, gif hit fisces bitt? oððe þone wyrm ōrōwend, gif hit æges bitt?' Notice that MS. A. has **prōwend** as a gloss to **wyrmcynn.**

14. **sume dēofolsēocnysse, and sēo wæs dumb**: *daemonium, et illud erat mutum.* Translating *daemonium* as a disease leads to an infelicity of expression in the next clause.

22. **oferwinð.** It is to be noticed that three MSS., A, B, C, have **oferswīð.**

25. Notice the Latin readings: *Et cum venerit, invenit (eam) scopis mundatam (et ornatam)*; **ǣmtig,** however, requires the reading *vacuam* (Marshall), or *vacantem* which is found in some Old-Latin MSS.

26. **wyrsan þām ǣrrum.** The construction follows the Latin: *peiora prioribus.*

27. **Sum wīf him tō cwæþ**: *extollens vocem quaedam mulier de turba dixit illi.*

29. **būton Iōnan tācen.** The Latin MSS. vary: *nisi signum Ionae (prophetae).*

41. **þēah hwæþere þæt tō lāfe is**, etc.: *Verumtamen quod superest, date eleemosynam.*

12. 1. **Warnisð wið Farisēa-lāre**: *Attendite a fermento Pharisaeorum.* For **lāre** we should have either **beorman** (Mt. 16. 6, 12), or **hæfe** (Mk. 8. 15).

15. **on gȳtsunge**: *in abundantia*. Here **gȳtsunge** may be due, as Marshall observes, to an erroneous transference from the preceding clause. According to the glossed texts we should have **on manigfealdnisse.**

23. *Anima plus est quam esca, et corpus plus quam vestimentum.* Marshall introduces **mętt** into the text, to correspond to *esca*.

48. **and þēah dyde**, etc.: *et fecit digna plagis, vapulabit paucis,* 'and did things worthy of stripes.' Marshall supplies the omission by inserting, in accordance with the glossed texts, **þā gerisno wræccum**, after **dyde**. The translator errs in construing *plagis* with *vapulabit*; *dignus* is also omitted in the translation at 3. 8; 7. 7.

49. The Latin MSS. vary: *et quid volo si (nisi ut) accendatur.*

50. The MSS. have **and wēne gē hū bēo ic geþrēad**; Marshall transfers **wēne gē** to the beginning of the next verse: *Putatis quia pacem veni dare in terram?*

55. **þæt is towerd**: *Quia aestus* (or *ventus*) *erit*. The translator has omitted a subject corresponding to *aestus* or to the variant *ventus*. It is probable that the translator's original had the reading *ventus*, and that a misapprehension of the relation of *ventus* to *austrum* (*et cum* [*videritis*] *austrum flantem*) occasioned the incomplete rendering.

13. 16. *Hanc autem filiam Abrahae, quam alligavit satanas, ecce decem et octo annis non oportuit solvi a vinculo isto die sabbati.* The translator, by too close adherence to the Latin, has violated his native idiom: **þās Ābrahāmes dohtor** and **ne gebyrede hyre** are in syntactical conflict. The scribe of A has in a measure obviated the difficulty by substituting **þēos** for **þās**.

29. Notice the omission of **and sūðdǣle**: *et austro*; the Royal and Hatton MSS. supply this, but in turn omit **and norþdǣle**.

32. ic béo fornumen, 'I am destroyed'; obviously the translator had in mind *consumor* (so Wordsworth's MS. M'; and cf. 9. 54), in place of *consummor* (the true reading), 'I am perfected.' In agreement with the glossed texts, Marshall substitutes geęndad for fornumen.

35. cymð. The MSS. have cōm; due to misapprehension of the tense of *venit*. The same error is committed at 19. 38.

14. 5. Hwylces ēowres, etc.: *Cuius vestrum asinus aut bos in puteum cadet*, etc. ēowres (for ūre, gen. pl.) is an inflected possessive by attraction of hwylces. Sievers' *Gram.* § 336, note 2.

25 (rubric). Hermes (a deacon) suffered martyrdom (304) with Philip, bishop of Heraclea; they are commemorated Oct. 22; St. Augustine, first archbishop of Canterbury, is commemorated on May 26.

32. And gif hē ... ne mæg. Notice the variation from the Latin: *Alioquin adhuc illo longe agente*.

15. 7. nigontigum, late form for hundnigontigum. Sievers' *Gram.* § 326.

8. āwęnt corresponds to *evertit*, found in nearly all the Vulgate MSS., while the right reading is obviously *everrit* 'sweeps out'; Marshall gains nothing by the substitution, from the Durham Book, of ymbstyreð, which is merely a synonym of āwęnt.

12. sē gingra. The MSS agree in the erroneous reading sē yldra; cf. the next verse.

16. 6. Nim þīne feðere, 'take thy pen'; for 'take thy bond': *Accipe cautionem tuam (litteras tuas)*.

11. þæt ēower ys. The translator has read *quod vestrum est*, with several Vulgate MSS., instead of *quod verum est*, the true reading (cf. the next verse).

16. and of him is bodud, etc.: *ex eo regnum Dei evangelizatur*. of him misinterprets the sense, which requires syððan, 'from that time,' or its equivalent. and ealle on þæt strangnysse wyrcað: *et omnis in illud vim facit*.

20, 21, swȳðe forwunden: *ulceribus plenus*. The translator must have read *vulneribus* for *ulceribus*; so also at the following verse (his wunda liccodon) *vulnera* for *ulcera* with three Vulgate and some Old-Latin MSS.

22. and wæs on hęlle bebyrged: *et sepultus est in inferno*.

17. 7. þām of þām æcere gehworfenum. It is perhaps better not to regard this clause as dative absolute, but rather as a close transference of the Latin construction. The variant readings are important: *Quis autem vestrum habens servum arantem aut (oves) pascentem, qui (cui) regresso de agro dicat illi.*

19. 2. There is an omission of *et hic princeps erat publicanorum*.

12 (rubric). St. Gregory's Day is the 12th of March.

48. **sōðlīce eall folc**, etc.: *omnis enim populus suspensus erat, audiens illum.*

20. 6. **hī wiston gere**: *certi sunt enim*. The correct translation requires **witon**.

19. **tō him cwæð** does not convey the proper sense of *ad ipsos dixerit*.

33. The last clause is wanting: *siquidem septem habuerunt eam uxorem.*

21. 4. **þēos wudewe,** etc.: *haec autem ex eo, quod deest illi, omnem victum suum, quem habuit, misit.*

21. **and nyðer ne āstīgað**, etc.: the usual reading is *discedant*, but the translator's MS. must have had *ne descendant*, which is also found in the Rushworth and several other Vulgate MSS.

27. **cumende** (for **cumendne**): *venientem*.

22. 43. *Apparuit autem illi Angelus de coelo*, etc. Notice the variation, **Godes engel**; an Old-Latin MS. (*c*) has *angelus domini*.

51. **and þā hē æthrān**, etc.: *Et cum tetigisset auriculam eius, sanavit eum.* The translation (**hyt**) requires *eam* for *eum* (Marshall).

52. **þæt gē mē gefēngon.** This clause is not found in most Latin MSS.

55. *Accenso autem igne in medio atrii, et circumsedentibus illis, erat Petrus in medio eorum.* This verse affords an illustration of the translator's more free and independent manner.

56. **sittende** (for **sittendne**): *sedentem*.

61. **tō dæg**: *hodie*. An exceptional reading in the Latin MSS. (cf. the modern versions).

68. **gē ne andswariað mē**, etc.: *non respondebitis mihi, neque dimittetis* (cf. the modern versions).

23. 2. **forhwyrfende** (for **forhwyrfendne**): *subvertentem*; **forbēodende** (for **forbēodendne**): *prohibentem*.

19. *Qui erat propter seditionem quamdam factam in civitate et homicidium, missus in carcerem.* There is an omission of *factam in civitate*.

21. Āhōð hine, āhōð hine: *Crucifige, crucifige eum.* For āhōð (2 pl. imp.) we should have āhōh (2 sg. imp.); the translation is correct at John 19. 6: Hōh hyne, hōh hyne.

38. Grēciscum stafum and Ebrēiscum: *litteris graecis, et latinis, et hebraicis.* None of Wordsworth's MSS., either Vulgate or Old-Latin, omit *et latinis.*

24. 7. Dicens: *Quia oportet Filium hominis tradi in manus hominum peccatorum, et crucifigi, et die tertia resurgere.* The translator's lack of consistency with his omission of *oportet*, makes necessary the emendations of the text; cf. the translation of *oportuit* at verse 26, below.

27. And hē rehte him of Moyse, etc.: *Et incipiens a Moyse, et omnibus prophetis, interpretabatur illis in omnibus Scripturis, quae de ipso erant.* The omission of *incipiens* and the further compression in the translation is to be noticed.

29. The MSS. have and sē dæg wæs āhȳld, *inclinata est* being mistaken for the perfect passive.

43. hē nam, etc.: *sumens reliquias dedit eis.*

47. āgynnendum fram Hierusalem, (dative pl.) absolute: *incipientibus ab Ierosolyma.*

GLOSSARY.

The vowels a and æ have the same position; ð (þ) follows t; otherwise the order is strictly alphabetic. The abbreviations employed (exclusive of the most obvious) are the following: The numerals in parentheses, (1), (2), etc., indicate the classes of the ablaut verbs; (W. I.), (W. II.), (W. III.), those of the weak verbs; (R.) the reduplicating, and (PP.) the preteritive present verbs.

Every word in the text is cited for at least one occurrence, but usually without further reference except in the case of special words, or of common words that occur but a few times, or of special uses of common words. A rubric, designated by r, is referred to as belonging to the verse which follows it.

A, Æ.

ā, adv., *aye, ever, always*: 1. 55.
ǣ, f., *law*: 2. 22.
ā-beran, -bær, -bǣron, -boren (4), *bear, carry*: 11. 46.
ā-bīdan, -bād, -bidon, -biden (1), *abide, await* (w. gen. or acc.): 12. 36.
ā-būgan, -bēag, -bugon, -bogen (2), *bow, bend*: 13. 11.
a-būtan (on-, -būton), adv., *about, around*: 9. 12.
ā-bysgian (W. II.), *busy, occupy*: wæs ābysgod (*suspensus erat*) 19. 48.
ac, conj., *but*: 1. 60.
ā-cennan (W. I.), *beget, bear, bring forth*: 1. 35.
ā-cenniednys (-nis, -nes), f., *birth, nativity*: 1. 14.
ā-ceorfan, -cearf (-cerf), -curfon, -corfen (3), *carve, cut*: 22. 50.

æcer, m., *acre, field*: 6. 1.
ā-clǣnsian (W. II.), *cleanse, purify*: 4. 27.
ācsian (āhsian, āxian) (W. II.), *ask*: 2. 46; 3. 10.
ādl, f. (n.), *disease*: 4. 40.
ā-drǣdan, (-dreord) -drēd, -drēdon, -drǣden (R.), *dread, fear*: (w. reflex. dat.) 2. 9; 8. 25.
ā-drīfan, -drāf, -drifon, -drifen (1), *drive, expel*: 4. 35; 9. 40; 11. 15.
ā-drincan, -dranc, -druncon, -druncen (3), *be immersed, be drowned*: 8. 33.
ā-dumbian (W. II.), *be dumb, hold one's peace*: 4. 35.
ā-fandian (-fandigean) (W. II.), *find out, discern*: 12. 56.
ā-fǣran (W. I.), *afear, make afraid, terrify*: 24. 4.
ā-feallan, -fēoll, -fēollon, -feallen (R.), *fall down*: 6. 49.

ā-fēdan (W. I.), *feed, nourish, bring up*: 4. 16.
ǣfen-lǣcan (W. I.), *grow towards evening*: 24. 29.
ā-feormian (W. II.), *cleanse*: 11. 25.
ā-fōn, -fēng, -fēngon, -fangen (R.), *receive, take up, sustain, help*: 1. 54.
æfter, prep. (w. dat.), 1. *after* (time and place): 1. 24; 9. 23; æfter þām þe, *after that that, after*, 2. 21.—2. *according to*: 1. 9, 38.
æftera, comp. adj., *next, second, following*: 6. 1.
ā-fyllan (W. I.), *fell, strike down*: 19. 44.
ā-fyllan (W. I.), *fill*: 1. 67.
ā-fyrran (W. I.), *remove, take away*: 1. 25; 5. 35.
ǣg, n., *egg*: 11. 12.
āgan, āg (āh), āgon, pret. āhte (PP.), *own, possess*: 8. 43.
āgen (ǣgen) (pp. < āgan), adj., *own*: 6. 42.
agēn (on-gēn, on-gēan), adv., *again, back, anew*: 2. 43; 6. 29; 8. 37, 40; 17. 18.
agēn (on-gēn, on-gēan), prep. (w. dat., or acc.), 1. *toward, to*: 15. 20; prep. adv., 8. 27; 9. 37; 22. 10.—2. *in reply to*: 14. 6.—3. *against* (opposition, hostility): 12. 10; 21. 10; prep. adv., 11. 53.
ā-gēotan, -gēat, -guton, -goten (2): *pour, pour out, spill, shed*: 5. 37; 10. 34; 11. 50.
ǣg-hwanon (-hwanun), adv., *from everywhere, on all sides*: 19. 43.
ǣg-hwǣr (-hwǣr), adv., *everywhere*: 9. 6.
ā-gifan (-gyfan), -geaf (-gef), -gēafon, -gifen (5): *give, give back, return*: 4. 20.
ā-gildan (-gyldan), -geald,
-guldon, -golden (3), *pay, repay*: 7. 42; 12. 59.
ā-ginnan (-gynnan), -gann, -gunnon, -gunnen (3), *begin*: 5. 21; 14. 29, 30.
ǣ-glēaw, adj., *skilled in the law*: 7. 30; 11. 45.
ā-gyltan (W. I.), *offend, sin against*: 11. 4.
ā-hēawan, -hēow, -hēowon, -hēawen (R.), *hew, cut out*: 23. 53.
ā-hebban, -hōf, -hōfon, -hafen (6), *lift up, raise, exalt, disturb*: 10. 15; 12. 29; 14. 11; 18. 13; *ferment, leaven*, 13. 21.
ā-hōn, -hēng, -hēngon, -hangen (R.), *hang, crucify*: 23. 21, 23.
ā-hrīnan, -hrān, -hrinon, -hrinen (1), *touch*: 11. 46.
āhsian, see ācsian.
ǣht, f., *possession, inheritance, goods*: 9. 25; 12. 13; 15. 12.
āhte, see āgan.
ā-hyldan (W. I.), *recline*: 9. 58; *decline*, 24. 29.
ǣlc, pron. subst. and adj., *each, any*: 1. 37; 2. 23, 41.
ā-lecgan, -legde, -lēde (W. I.), *lay down, place, take*: 2. 7, 16; 23. 52.
ā-lēd, see ā-lecgan.
æl-fremed, (el-), adj., *strange, foreign*: 17. 18.
ælmesse, f., *alms*: 11. 41.
altar, m., *altar*: 11. 51.
ā-lūcan, -lēac, -lucon, -locen (2), *separate, withdraw*: 22. 41.
ā-lūtan, -lēat, -luton, -loten (2), *bow, bend down*: 24. 12.
ā-lȳfan (W. I.), *allow, permit*: 6. 2, 4; 9. 59; (*licet*) 6. 9.
ā-lȳsan (W. I.), *release, free, redeem*: 1. 71, 74; 24. 21.
ā-lȳsednes, f., *redemption*: 1. 68.

GLOSSARY.

a-middan, adv., *in the midst*: 6. 8.
ǣmtig, adj., *empty, vacant*: 11. 25; 14. 22.
ā-myrran (W. I.), *mar, dissipate, spend*: 15. 14, 30.
ān, num. adj., 1. *one, a certain one*, (indef. art.), *a, an*: 1. 27; 2. 25, 44.—2. *alone*: 4. 4, 8; 5. 21.
an-bid (on-), n., *expectation*: 21. 26.
and, conj., *and*: 1. 2.
andettan (W. I.), *confess, acknowledge, give thanks*: 2. 38; 10. 21; 12. 8.
and-fęng, m., 1. *taking up, assumption*: 9. 51.—2. *cost, expense*: 14. 28.
and-fęnge, adj., *acceptable, fit for*: 4. 24; 9. 62.
and-gyt (-giet), n., *understanding*: 24. 45.
and-lyfen (-lifen, -leofen), f., 1. *living, sustenance, food*: 21. 4.—2. *wages*: 3. 14.
and-swarian (W. II.), *answer, respond*: 1. 19, 35.
and-swaru, f., *answer*: 2. 26.
and-wlita, m., *appearance, countenance*: 24. 5.
ǣnig, pron. adj., *any*: 4. 41.
ān-lic, adj., *only*: 9. 38.
an-līcnes (on-), f., *likeness, image, stature*: 12. 25; 20. 24.
ǣn-līpig, adj., *single, alone*: 10. 40.
ān-rǣdlīce, adv., *constantly*. 23. 10.
an-sȳn (on-), f., *appearance, face, form*: 1. 76; 3. 22.
an-weald (on-), m., *power, authority, government*: 3. 1; 4. 6, 32.
ā-plantian (W. II.), *plant, transplant*: 17. 6.
apostol, m., *apostle*: 6. 13.
ǣr, 1. comp. adv., *ere, before,*

early: 2. 26; 24. 1.—Supl., **ǣrest**, *first*, 6. 42.—2. conj., *ere, before that* (usually followed by the opt.): 2. 21.—3. prep. (w. dat.), 1. 26. r. **ǣr þām þe** *before that, until,* 13. 35.
ā-rǣdan (W. I.), *read, conjecture, prophesy*: 22. 64.
ā-rǣran (W. I.), *rear, exalt*: 1. 69; *make straight,* 13. 13.
ǣr-dǣd, f., *former deed or conduct*: 23. 41.
ǣrend-raca, m., *messenger*: 7. 24.
ā-rīsan, -rās, -rison, -risen (1), *arise*: 1. 39.
ǣrist, m. f n., *uprising, resurrection*: 2. 34; 14. 14.
ǣrra, comp. adj., *former*: 11. 26.
ā-sceacan (-scacan), -scēoc (-scōc), -scēocon (-scōcon), -sceacen (-scacen, -scæcen) (6), *shake off*: 9. 5.
ā-scuniendlīc, adj., *detestable, abominable*: 16. 15.
ā-sęndan (W. I.), 1. *send, send forth, cast*: 1. 19; 4. 9; 12. 5.—2. *let down*: 5. 19.—3. *join to*: 5. 36.
ā-sęttan (W. I.), *set, place, lay up*: 2. 34; 6. 48; 9. 62; 12. 19.
ā-sīgan, -sāg (-sāh), -sigon, -sigen (1), *sink, go down*: 4. 40.
assa, m., *ass*: 13. 15.
ā-standan, -stōd, -stōdon, -standen (6), *insist, persist*: 23. 23.
ā-stīgan, -stāg (-stāh), -stigon, -stigen (1), 1. *arise, ascend, enter*: 5. 3, 19; 24. 38.—2. *descend*: 3. 22; 21. 21.
ā-stręccan, -streahte(-strehte) (W. I.), *stretch, prostrate*: 5. 12.

ā-styrian (-stirian),(W. I.,II.),
stir up, move : 6. 48 ; 7. 24 ;
15. 20 ; 23. 5.
æt, prep. (w. dat.), 1. at: 4. 11 ;
5. 27 ; 8. 35.—of, from : 6. 34 ;
12. 48.
æt-bregdan (-brēdan), -brægd
(-brǣd),-brugdon(brūdon),
-brogden (brōden) (3), take
away : 8. 12 ; 11. 52.
ā-tēon, -tēah, -tugon, -togen
(2), draw out, extract : 6. 42.
æt-ēowan (W. I.), show : 24.
40.
æt-gædere, adv., together : 17.
35.
æt-hrīnan, -hrān, -hrinon,
-hrinen (1), touch (w gen. or
acc.) : 7. 39 ; 8. 44, 47 ; (seize),
9. 39.
æt-īwednes, f., showing, manifestation : 1. 80.
æt-sacan, -sōc, -sōcon, -sacen
(6), deny (w. acc. or gen.) : 8.
45 ; 9. 23 ; 20. 27 ; 22. 34,
61.
æt-speornan (-spurnan, -spornan), -spearn, -spurnon,
-spornen (3), dash or strike
against: 4. 11.
æt-standan, -stōd, -stōdon,
-standen (6) : stand still, stop :
7. 14 ; 8. 44.
a-tȳnan (on-) (W. I.), open : 13.
25 ; 24. 45.
æt-ȳwan (W. I.', appear : 1.
11 ; 2 15.
āð, m., oath : 1. 73.
æþel-boren, (pp.) adj., nobleborn, noble : 19. 12.
ā-þenian (-þennan) (W. I., II.),
stretch out, extend : 5. 13 ; 6.
10.
ā-þwēan, -þwōg, -þwōgon,
-þwǣgen (-þwęgen, -þwogen), (6), (wash) baptize : 3. 12.
ā-þȳstrian (W. II.), become
dark, obscured : 23. 45.

ā-wācian (W. II.), grow weak,
decline, fall away : 8. 13.
ā-węccan, -weahte (-węhte)
(W. I.), wake, raise up : 3 8 ;
20. 28.
ā-węndan (W. I.), turn, overturn : 15. 8 (see note).
ā-weorpan (-wurpan), -wearp,
-wurpon, -worpen (3) : cast,
cast down or away, reject : 1.
52 ; 9. 22 ; 14. 35.
ā-weorðan (-wurðan), -wearð,
-wurdon, -worden (3): become worthless,unsavoury : 14.
34
ǣw-fæsten, n., legal or appointed fast, technically, fast of
forty days (see note) : 3. 1. 1.
ā-wrēon, -wrāh (-wrēah),-wrigon (-wrugon), -wrigen
(-wrogen) (1. 2) : uncover, reveal : 2. 35 ; 10 21.
ā-wrigenes, f., revelation : 2. 32.
ā-wrītan, -wrāt, -writon,
-writen (1), write : 2. 23.
ā-wyltan (W.I.), (cf. -wielwan,
-wylian W. I., II.), roll away :
24. 2.
ā-wyrgan (W. I); curse : 8. 2.
ā-wyrt-walian (W.II.), uproot :
17. 6.
æx, f., axe : 3. 9.
axe (asce), f., ashes : 10. 13.
āxian, see ācsian.
azīmōrum (azȳmōrum), gen.
pl. of Lat. azȳmus, unleavened, used in the neut. pl.,
azȳma, of the feast of unleavened bread : 22. 1, 7.

B.

bām, see bēgen.
bān, n., bone : 24. 39.
bærnan (W. I.), burn, be kindled : 12. 49.

GLOSSARY.

be (bī, big), prep. (w. dat. and inst.), 1. (nearness), *by, near, along, in*: 4. 15; 10. 4.—2. (means, agency), *by*: 4. 4; 9. 7.—3. *about, concerning*: 2. 17, 18.—4. (measure), *according to*: 23. 41.
be-æftan, prep. (w. dat.), *behind, without*: 22. 6.
bēam, m., *beam*: 6. 41, 42.
bēan-codd, m., *beanpod, husk*: 15. 16.
bearm, m., *bosom*: 6. 38.
bearn, n., *child, son*: 1. 7.
bēatan, bēot, bēoton, bēaten (R.), *beat*: 12. 45; 20. 11.
be-bēodan, -bēad, -budon,-boden (2), 1. *command*: 4. 10, 36.—2. *entrust, commend*: 23. 46.
be-bēodend, m., *commander, master*: 5. 5.
be-bod, n., *command*: 1. 6.
be-byrigean (-byrgan),(W. I.), *bury*: 9. 59.
be-clyppan (W. I.), *embrace*: 15. 20.
be-clȳsan (W. I.), *inclose, shut up, confine*: 3. 20.
be-cuman, -cōm, -cōmon, -cumen (4), *come*: 1. 35; 2. 38. —2. *come upon*: 10. 30.
be-cȳpan (W. I.), *sell*: 12. 6.
bedd, n., *bed*: 5. 18.
bedd-cofa, m., *bed-chamber*: 12. 3.
be-delfan, -dealf, -dulfon, dolfen (3), *dig about*: 13. 8.
be-dīglian (W. II.), *conceal*: 1. 24.
be-fæstan (W. I.), *commit, entrust*: 12. 48.
be-fealdan, -fēold, -fēoldon, -fealden (R.), *fold, close, wrap*: 4. 20; 23. 53.
be-feallan, -fēoll, -fēollon, -feallen (R.), *fall*: 10. 36; 14. 5.

be-fōn,-fēng,-fēngon,-fangen (R.), *take hold of, find fault with, reprehend*: 20. 26.
be-foran, prep. (w. dat.), *before*: 1. 6, 8.
bēgen, m., bā, f., bū, n., num. adj., *both*: 6, 39; būtū (= bū + tū < twēgen), 1. 6.
be-ginnan, -gann, -gunnon, -gunnen (3), *begin*: 7. 49.
be-gitan (-gytan), -geat, -gēaton, -giten (5),*get,gain*: 9. 25.
be-gȳman (W. I.), 1. *take care of, govern* (w. gen. or acc.): 3. 1; 10. 35.—2. *take notice of, observe*: 14. 1.
be-gȳmen, f., *observation*: 17. 20.
be-gyrdan (W. I.), *begird*: 12. 35.
be-habban (W. III.), 1. *encompass, surround*: 19. 43.—2. *detain*: 4. 42.
be-hāt, n.,*promise*: 24. 49.
be-hatan, (-heht) -hēt, -hēton, -hāten (R.), *promise*: 22. 6.
be-hēafdian (W. II.), *behead*: 9. 9.
be-healdan, -hēold, -hēoldon, -healden (R.), *behold, look on*: 4. 20; 21. 29.
be-hēfe, adj *necessary* (w. dat.): 14. 28.
be-hrōpan, -hrēop, -hrēopon, -hrōpen(R.),*trouble by crying out at one, annoy*: 18. 5.
be-hȳdan (W. I.), *hide*: 10. 21.
beig-bēam, m., *bramble-bush*: 20. 37.
be-lādian (W. I.), *excuse*: 14. 18.
belgan, bealg (bealh), bulgon, bolgen (3), *enrage oneself*: (w. reflex. acc.): 15. 28.
be-līfan, -lāf, -lifon, -lifen (1), *remain, be left*: 2. 43.

be-lūcan, -lēac, -lucon, -locen (2), *lock or shut up*: 4. 25.
bēn, f., *prayer, request*: 1. 13.
bęnd, m. f. n., *bond, chain*: 8. 29.
bēo-brēad, n., 1. *bee-bread.*—2. *honey-comb*: 24. 42.
bēod, m., *table*: 16. 21.
bēodan, bēad, budon, boden (2), *command*: 8. 29.
bēon (wesan), wæs, wǣron, subst. verb, *be, exist, become*; with negative, nis (<ne is); næs (<ne wæs); nǣron.
bēor, m. *beer*: 1. 15 (translates *sīcera*).
beorg (beorh), m., *hill*: 3. 5.
beorht, adj., *bright*: 11. 34.
beorhtnes, f., *brightness, splendour*: 2.9.
beorma, m., *barm, leaven, yeast*: 13. 21.
beornan (byrnan), barn (bearn), burnon, bornen (3), *burn*: 12. 35.
beran, bær, bǣron, boren (4), 1. *bear, carry*: 5. 18; 7. 12.— 2. *bear, bring forth*: 11. 27
be-rēafian (W. II.), *bereave, rob, despoil, defraud*: 10. 30; 19. 8.
bęrn (bęrern, bęren), n., *barn*: 3. 17.
be-scēawian(W. II.), *look upon, consider*: 12. 24.
be-scēotan, -scēat, -scuton, -scoten (2): *shoot into, precipitate one's self*: 8. 31.
be-scirian (-scyrian), (W. I.): *deprive, cut off*: 16. 4.
be-scūfan, -scēaf, -scufon, -scofen (2), *shove, cast*: 4. 29.
be-sęncan (W. I.), *sink, immerge*: 5. 7.
be-sēon, -seah, -sāwon (sǣgon), -sewen (-sawen) (5), 1. *see, look*: 6. 20; 18. 42.—2.

look about or around: 21. 1; ūp besēonde (*suspiciens*, var. of *suscipiens*), 10. 30.
besma, m., *besom, broom*: 11. 25.
be-swīcan, -swāc, -swicon, swicen (1), *deceive*: 21. 8.
be-tǣccan, -tǣhte (W. I.), *teach, show, commit to*: 1. 2; 16. 11; 22. 12.
be-tēon, -tēah, -tugon, -togen (2), *draw over, cover, inclose*: 5. 6.
bętere, see gōd.
be-trymian (-trymman), W. I., II.), *besiege, encompass*: 19. 43; 21. 20.
be-tweox (-twux, -tux), prep. (w. dat.), *between, among*: 1. 25, 42.
be-twȳnan (-twēonan), prep. (w. dat.), *between, among*: 2. 15.
be-pęncan, -pōhte (W. I.), *bethink*: 15. 17.
be-þurfan,-þearf, þurfon, pret. -porfte (PP.), *need* (w. gen.): 5. 31; 9. 11; 12. 30.
be-węddian (W. II.), *wed, espouse*: 1. 27; 2. 5.
be-węndan(W. I.), *turn around or about*: 7. 9.
be-weorpan (-wurpan), -wearp, -wurpon, -worpen (3), 1. *cast, throw*: 17. 2.—2. *cast about, surround*: 13. 8.
be-windan, -wand, -wundon, -wunden (3), *wind around, wrap*: 2. 7.
be-witan, -wāt, -witon, pret. -wiste (PP.), *oversee, administer*: 16. 2.
be-wrēon, -wrāh (-wrēah), -wrigon (-wrugon), -wrigen (-wrogen) (1, 2), *cover over, conceal*: 9. 45.
bīcnian (W. II.), *beckon, nod*: 1. 22, 62; 5. 7.
biddan, bæd, bǣdon, beden

GLOSSARY.

(5), *bid, ask, pray*: 1. 63; 4. 38; 5. 3, 12.
bifian (W. II.), *tremble*: 21. 26.
bīgan (W. I.), *bend*: 22. 41.
big-spell(bī-,-spel), n., *parable*: 5. 36.
binn (bin), f., *bin, manger*: 2. 7, 12, 16; 13. 15.
bindan, band, bundon, bunden (3), *bind*: 8. 29.
biterlīce, adv., *bitterly*: 22. 62.
blāwan, blēow, blēowon, blāwen (R.), *blow*: 12. 55.
blētsian (W. II.), *bless*: 1. 28, 42.
blind, adj., *blind*: 4. 18.
bliss (blis), f., *bliss, pleasure, delight*: 1. 14.
blissian (blyssian), (W. II.), *rejoice, be glad*: 1. 58.
blīþelīce, adv., *blithely, gladly, joyfully*: 19. 6.
blōd, n., *blood*: 8. 44.
blōd-ryne, m., *running or issue of blood*: 8. 43.
bōc, f., *book*: 1. 1.
bōcere, m., *scribe*: 5. 21.
boda, m., *messenger*: 9. 52.
bodian (W. II.), *announce, proclaim, preach*: 1. 19; 2. 10.
bodung, f., *preaching*: 11. 32.
bōg (bōh), m., *bough, branch*: 13. 19.
brǣdan (W. I.), *roast, broil*: 24. 42.
brecan, bræc, brǣcon, brocen (4), *break*: 5. 37.
brēgan (W. I.), *frighten*: 12. 4.
brēost, n., *breast*: 11. 27.
brice (bryce), m., *breaking*: 24. 35.
bridd, m., *young of the feathered tribes, bird*: 2. 24.
bringan, brōhte (W. I.), *bring, produce*: 3. 9; 5. 19.
brōþor, m., *brother*: 3. 1.
brūcan, þrēac, brucon, þrocen (2), *use, perform* (w. gen.): 1. 8.
brȳd-guma, m., *bridegroom*: 5. 34.
burg (burh), f., *city, town*: 4. 29.
burg-waru (burh-), f., *people of a town, citizens*: 7. 12.
burh-sittende (ptc.) adj., *city-dwelling*: 15. 15.
būton (būtan), prep. (w. dat.), 1. *without*: 1. 6.—2. *outside*: 13. 33.—3. *except*: 4. 27.
būton (būtan), 1. conj., *unless, except*: 2. 26.—2. adv., *but, only*: 9, 13.
bū-tū, see bēgen.
bycgan (bicgan), bohte (W. I.), *buy*: 9. 13.
bydel, m., *beadle, officer*: (*exactor*) 12. 58.
byden, f., *measure, bushel*: 11. 33.
byrgan (byrigan) (W.I.), *bury*: 9. 60.
byrgen, f., *grave, sepulchre, tomb*: 8. 27.
byrhtm-hwīl (bearhtm-), *moment*: 4. 5.
byrþen, f., *burden*: 11. 46.
bysmrian (bismrian) (W. II.), *mock, deride*: 18. 32; 22. 63.
bytt, f., *bag or bottle* ('*skin*': *uter*): 5. 37, 38.

C.

cafer-tūn (cafor-), m., *hall, inclosure, court*: 11. 21; 22. 55.
cǣg (cǣge), f., *key*: 11. 52.
calic, m., *chalice, cup*: 11. 39.
candel-stæf, m., *candle-stick*: 8. 19.
caru (cearu), f., *care*: 8. 14.
cāsere, m., *Cæsar, emperor*: 2. 1.

castel, m. n., *castle, town, village*: 5. 17.
ceaf, n., *chaff*: 3. 17.
cealf (celf), n. (m.), *calf*: 15. 27.
cēapian (W. II.), *bargain, trade*: 19. 13.
cēap-sceamul, m., *toll-booth, treasury*: 5. 27.
ceaster, f, *town, city*: 1. 26.
cempa, m., *warrior, soldier*: 3. 14.
cennan (W. I.), *beget, bear, bring forth*: 1. 13.
cenning tīd, f., *time of bringing forth, birth-time*: 1. 57.
ceorfan, cearf, curfon, corfen (3), *cut (down)*: 13. 9.
cīdan (W. I.), *chide, rebuke* (w. dat.): 4. 35.
cild, n., *child*: 1. 41.
cild-clāp, n., pl. *swaddling-clothes*: 2. 7.
clǣne, adj., *clean, pure*: 11. 41.
clǣnsung, f., *cleansing, purification*: 2. 22.
clifian (W. II.), *cleave, adhere*: 10. 11.
clypian (clypigan, clipian, cleopian),(W. II), 1. *cry out, exclaim*: 1. 42.—2. *call, summon, name*: 5. 32; 6. 46; 19. 15.
cnapa, m., *boy, child*: 1. 66.
cnæpp, m., *top*: 4. 29.
cnēores (cnēoris, cnēorys), f., *generation, race*: 1. 48.
cnēow, (cnēo), n., *knee*: 5. 8.
cniht, m., *boy, child, servant*: 1. 54, 69; 11. 7.
cnūcian (W. II.), *knock, knock at*: 11. 8; 13. 25.
codd, m., *bag, sack*: 9. 3.
corn, n., *corn, grain, seed*: 13. 19.
coss, m., *kiss*: 7. 45.
costian (costnian), (W. II.), *tempt*: 4. 2, 12.

costung (costnung), f., *temptation*: 4. 13.
crāwan, crēow, crēowon, crāwen (R.), *crow (as a cock)*: 22. 34, 60.
Crīst, m., Christ: 2. 11.
cruma, m., *crumb*: 16. 21.
culfre, f., *dove, pigeon*: 2. 24.
cuma, m., *comer, guest*: 2. 7.
cuman, cōm, cōmon, cumen (cymen), (4), *come*: 1. 43.
cunnan, cann, cunnon, pret. cūðe (PP.), *can, be able, know, understand*: 11. 13; 13. 25, 27.
cūp (pp.), adj., *known*: 8. 17.
cūða, m., 1. *acquaintance*: (*notus*) 2. 44.—2. *relative*: (*cognatus*) 1. 58.
cwealm, m. n., *pestilence*: 22. 11.
cweart-ern (cwert-), n., *prison*: 3. 20; 12. 58.
cwēn, f., *queen*: 11. 31.
cweorn-stān, m., *mill-stone*: 17. 2.
cweðan, cwæð, cwǣdon, cweden (5), *say, speak, proclaim, call*: 1. 13, 18; 22. 1.
cwylman (W. I.), *torment*: 16. 24, 25.
cwylming, f., *torture, suffering, cross*: 9. 23.
cyme, m., *coming*: 12. 45.
cyning, m., *king*: 1. 5.
cynn, n. 1. *kin, race, generation*: 3. 7.—2. *product, fruit*: 22. 18.
cȳpa, m., *basket*: 9. 17.
cyrr, m., *turn, time, occasion*: 22. 32.
cyrran (W. I.), *turn, turn oneself, return*: 23. 56.
cyssan (W. I.), *kiss*: 7. 38.
cyst, f., *chest, coffin, casket*: 7. 14.
cȳðan (W. I.), *make known, tell, testify*: 7. 18; 11. 48.

cȳðnes, f., *testament, covenant* : 1. 72 ; 22. 20.

D.

dǣd, f., *deed* : 23. 51.
dǣd-bōt, f., *repentance* : 3. 3 ; 11. 32.
dæg, m., *day* : tō dæg, *to-day*, 2. 11.
dæg-hwāmlīc, adj., *daily* : 11. 3.
dæg-hwāmlīce, adv., *daily* : 16. 19.
dæg-rēd, n., *dawn* : 24. 1.
dǣl, m., *part, portion* : 3. 1.
dǣlan (W. I.), *divide, distribute*: 9. 16 ; 12. 13.
dǣlend, m., *distributor* : 12. 14.
dēad, adj., *dead* : 7. 12.
dēaf, adj , *deaf* : 7. 22.
dēað, m., *death* : 1. 79.
delfan, dealf, dulfon, dolfen (3), *delve, dig* : 6. 48.
dēma, m., *judge, ruler* : 2. 2 ; 11. 19 ; 12. 14.
dēman (W. I.), *judge* : 6. 37.
denu (dęne), f., *valley* : 3. 5.
dēofol, m. n., *devil, demon, evil spirit* : 4. 2, 33, 41.
dēofol-sēocnes (-sēocnys), f., *affliction by a devil; possession* : 7. 33 ; 8. 27 ; 9. 1, 49 ; 10. 17 ; 11. 14 ; 13. 32 ; 15. 18.
dēop, adj , *deep* : 6. 48.
deorc, adj., *dark, evil*: (*nequam*) 11. 34.
dēor-wurð (-weorð), adj., *precious, of great worth* : 7. 25.
derian (I , II.), *injure* (w. dat.): 4. 35 ; 10. 19.
dīacon (dēacon), m., *deacon, Levite* : (*Levita*) 10. 32.
dīgol, adj., *secret, hidden* : 8. 17.
dihtan (W. I.), *dispose, appoint*: 22. 29.
dihtnere, m., *steward* : 12. 42.
disc, m., *dish, plate* : 11. 39.

dohtor (dohter), f., *daughter* : 1. 5.
dōm, m., *judgment* : 11. 31.
dōn, dyde, dydon, (ge)dōn, *do, make, cause* : 1. 49, 68 ; 2. 27, 48 ; 3. 4 ; 5. 29 ; 6. 43 ; 9. 14 ; 10. 37.
dręccan, dreahte (W. I.), *trouble* : 8. 49.
drēfan (W. I.), *trouble, agitate* : 1. 12.
drīfan, drāf, drifon, drifen (I), *drive* : 9. 49.
drīgan (drȳgan) (W. I.), *dry, wipe off* : 7. 38, 44 ; 10. 11.
drīge (drȳge), adj., *dry* : 23. 31.
Drihten, m., *Lord* : 1. 11.
drincan, dranc, druncon, druncen (3), *drink* : 1. 15.
dropa, m., *drop* : 22. 44.
druncennes, f., *drunkenness* : 21. 34.
duguð (dugoð), f., *multitude, people*: dugeðe ealdor, *chief of the people, magistrate*, 12. 11 ; 22. 4 ; 23. 13 ; *ruler of the synagogue* (*archisynagogus*) 13. 14.
dumb, adj., *dumb, speechless* : 1. 22.
durran, dearr, durron, pret. dorste (PP.), *dare* : 9. 45.
duru, f., *door* : 11. 7.
dūst, n., *dust* : 9. 5.
dwolma, m., *chasm, gulf* : 16. 26.
dȳpe, f., *the deep* : 5. 4.
dyppan (W. I.), *dip* : 16. 24.
dȳre, adj., *dear, beloved* : 7. 2.
dyrne, adj., *hidden* : 8. 47.
dysig (dyseg), adj., *foolish* : 11. 40.
dysigian (W. II.), *talk foolishly, blaspheme* : 22. 65.
dyttan (W. I.), '*dit*,' *stop, close up* : (*os ejus opprimere*) '*to catch him in his speech,*' 11. 54.

K

E.

ēac, conj. adv., *also, moreover*: 10. 39; ēac swylce, *also*, 6. 5; *even as*, 18. 11.

ēacnian (ēacnigan) (W. II.), *grow big, become pregnant, be with child*: 2. 5; 21 23.

ēadig, adj., *happy, blessed*: 1. 45.

ēad-mōdnes (ēað-), f., *humility, lowliness*: 1. 48.

ēage, n., *eye*: 2. 29.

eahta (ehta), num., *eight*: 2. 21.

eahta-tȳne (ehta-), num., *eighteen*: 13. 4.

eahtoða (ehtoða, ehteoða), num., *eighth*: 1. 59.

ēa-lā, interj., *O, oh! alas!* 4. 23.

eald, adj., *old*: 1. 18.—Comp. yldra, *older, elder, greater*: 22. 26, 27, 66.—Supl. yldest, *greatest, chief, highest*: 9. 46; 20. 46; 22. 24.

ealdor, m., *elder, chief, prince*: 3. 2; 7. 3; dugeðe ealdor (see duguð); hīrēdes ealdor, *master of a household*, 12. 39; 13. 25.

ealdor-mann, m., *elder, chief*: 19. 47; 22. 52; *chief priest (principibus sacerdotum)* 9. 22.

eall, adj., *all, whole*: 1. 3.

eall-swā, adv., *also, likewise*: 5. 33.

eallunga, adv., 1. *entirely, at all*: 13. 11.—2. *indeed, assuredly*: 11. 20, 48.

ēar, n., *ear* (of corn): 6. 1.

earc, f., *ark*: 17. 27.

eard, m., *native country*: 4. 23.

eardian (W. II.), *live, dwell, inhabit*: 11. 26.

eardung-stōw, f., *dwelling-place, tabernacle*: 9. 33; 16. 9.

ēare, n., *ear*: 1. 44.

earfoðlīce, adv., *with difficulty, hardly*: 18. 24.

earm, adj., *poor*: 21. 2.

earm, m., *arm*: 1. 51.

earn, m, *eagle*: 17. 37.

ēast-dǣl, m., *eastern quarter, the east*: 1. 78.

ēaster-dæg, m., *Easter-day*: 2. 41.

ēasterlīc, adj., *pertaining to Easter, paschal*: 2. 42.

ēastro (ēastru, ēastre; ēastron pl. tant.), f. n., *Easter, feast of Easter, Passover*: 22. 1, 7, 8, 11, 13, 15.

ēaðe (ēðe), adj., *easy*: comp., 5. 23; 16. 17.

ēaðelīce, adv., *easily*: 18. 25.

ēað-mōd (ēad-), adj., *humble, lowly, obedient*: 1. 52.

ēce, adj., *everlasting, eternal*: 10. 25.

eced, m. n., *vinegar*: 23. 36.

ecg, f., *edge*: 21. 24.

ēcnes, f., *eternity*: on ecnesse, *for ever*, 1. 33.

ed-lēan, n., *reward, recompense, retribution*: 4. 19; 14. 12.

efne, interj., *behold!* 11. 31.

efstan (W. I.), *hasten*: 2. 16.

eft, adv., *again, back*: 6. 34.

ege, m., *fear*: 1. 12.

egl, f., *mote*: 6. 41, 42.

egsa (egesa), m., *fear, terror*: 21. 11.

ehta, see eahta.

ēhtan (W. I.), *persecute*: 6. 22.

ele, m., *oil*: 7. 46.

ele-bergè (-berie), *olive*: 22. 39.

elles, adv., *else, otherwise*: 5. 36; elles hwæt, *anything else, otherwise*, 13. 9.

eln, f., *ell, cubit*: 12. 25.

embe, see ymbe.

embe-þencan, -þōhte (W. I.), *think about, be anxious*: 12. 11.

ende, m., *end*: 1. 33; endas, *last days*, 11. 26.

GLOSSARY.

ęnde-byrdnes, f., *order, succession* : 1. 3. 8.
ęnd-lufon (-lufan, -leofan), num., *eleven* : 24. 9.
ęnd-lyfta (ęnde-, -lefta), num., *eleventh* : 18. 10. r.
ęngel, m., *angel* : 1. 11.
ēode, see gān.
ēored (ēorod), n., *troop, legion* : 8. 30, 36.
eornostlīce, conj., *therefore* : (*ergo*) 6. 36.
eorðe, f., *earth, soil* : 2. 14.
ēow, ēower, see þū.
ēower, poss. pron., *your* : 3. 14.
ęrian (ęrigan) (W. I.), *plough* : 17. 7.
ēst, f. (m.), 1. *grace, favour, bounty.*—2. *delicacies* : 7. 25.
etan, ǣt, ǣton, eten (5), *eat* : 4. 2.
ēðe, see ēaðe.
ēðel, m. (n.), *native country* : 4. 24.
ēð-hylde, adj., *easily inclined, contented* : 3. 14.
exl (eaxl), f., *shoulder* : 15. 5.

F.

fæc, n., 1. *period of time, interval* : 22 59.—2. *space, distance* : 24. 13.
fācen (fācn),n.,*deceit,treachery, guile* : 20. 23.
fæder, m., *father* : 1. 17.
fahnian (fagnian, fægnian) (W. II.), *rejoice* (w. gen., or dat.) : 1. 44.
fǣman (W. I.), *foam, froth* : 9. 39.
fǣmne, f., *woman, virgin, damsel* : 1. 27.
fǣmn-hād, m., *virginity* : 2. 36.
fandian (fandigan) (W. II.), *tempt, prove, try* (w. gen.,dat., or acc.) : 10. 25 ; 11. 16 ; 14. 19 ; 20. 23.

fann, f., *fan* : 3. 17.
fær, n., *journey* : 2. 44.
faran, fōr, fōron, faren (6),*go, depart* : 2. 15.
fǣringa, adv., *suddenly, forthwith* : 2. 13.
fǣrlīc, adv., *suddenly* : 9. 39.
fæstan (W. I.), *fast* : 5. 33.
fæsten, n.,*fast, fasting* : 1. 39. r.
fæt, n., *vessel* : 8. 16.
fǣtt, adj., *fat, fatted* : 15. 23, 27.
feallan, fēol, fēollon, feallen (R.), 1. *fall* : 5. 8.—2. *fall away, fail* : 16. 17.
fēawa (fēawe, fēa), adj., *few* : 10. 2.
fęccan (fętian) (W.III.),*fetch, take away* : 12. 20.
fēdan (W. I.), *feed, nourish* : 12. 24 ; 21. 23.
fēfor (fēfer), m. n., *fever* : 4. 38.
fela (feola, fæla), adj., *many* : 4. 23.
feldlīc, adj., *field-like, open, level* : 6. 17.
feoh, n., *money* : 9. 3.
feohtan, feaht, fuhton, fohten (3),*fight, make war* : 14. 31.
fēond (fȳnd, fīend), m.,*enemy* : 1. 71.
feorlen, see fyrlen.
feorm, f., *feast, supper* : 14. 12, 16.
feormian (W. II.), *cleanse* : 3. 17.
feorr (feor), adj., *far from, distant* (w. dat., instr.) : 15. 20 ; 20. 9.
feorr (feor), adv., *far off, at a distance*; comp., fyrr (fierr): 24. 28.
feorran, adv., *from afar, far off* : 16. 23.
fēorða (fēowerða), num., *fourth* : 3. 1, 19 ; 9. 7.
fēorðling, m.,*farthing* : 12. 59.
fēower, num., *four* : 2. 37.

fēower-feald, adj, *fourfold*: 19. 8.
fēower-tēŏða, num, *fourteenth*: 10. 23. r.
fēower-tig. num., *forty*: 4. 2.
fēran (W. I.), *go, depart*: 1. 23.
fęrian (W. I.), *carry*: 24. 51.
feðer, f., *pen*: 16. 6.
fex (feax), n., *hair*: 7. 38.
fīc-æppel m. (pl. n.), *fig-apple, fig*: 6. 44.
fīc-bēam, m., *fig-tree*: 21. 29.
fīc-trēow, n., *fig-tree*: 13. 6.
fīf, num., *five*: 1. 24.
fīfta, num., *fifth*: 6. 36. r.
fīf-tēoða, num., *fifteenth*: 3. 1.
fīf-tig, num., *fifty*: 7. 41.
findan, fand, fundon, funden (3), *find*: 2. 45.
finger, m., *finger*: 11. 20.
fisc (pl. fiscas or fixas), m., *fish*: 5. 6.
fiscere, m., *fisher*: 5. 2.
fisc-wēr, m., *catch of fishes*: 5. 4.
fiðeru, pl. n., *wings*: 13. 34.
fixa, fixas, see fisc.
flǣsc, n., *flesh*: 3. 6.
flēon, flēah, flugon, flogen (2), *flee, escape*: 3. 7.
flītan, flāt, fliton, fliten (1), *strive, contend, dispute*: 22. 24.
flōd, m. f. n., *flood*: 6 48, 49.
flōr, f. m., *floor*: 3. 17.
flōwan, flēow, flēowon, flōwen (R.), *flow*: 6. 48.
fnæd, n., *hem, edge*: 8. 44.
fola, m., *foal, colt*: 19. 30, 32.
folc, n., *folk, people*: 1. 10.
folgian (cf. fylgean) (W. II., III), *follow, serve, cleave to*: 5. 11; 9. 23; 15. 15; 16. 13.
for, prep. (w. dat. instr.; and acc.), 1. *for, on account of, because of*: for þām, *for that, because*: 1. 13, 20; *therefore*, 1. 35; *wherefore*, 7. 47; *since*, 1. 34; for ðām ðe, *for that (reason) that, for, because, since, forasmuch as*, 1. 1, 7.—2. *for, in behalf of*: 2 27; 4. 38.
foran, adv., *before*: foran on-gēn, *over against, opposite*, 8. 26.
for-bærnan (W. I.), *burn up, consume*: 3. 17.
for-bēodan, -bēad, -budon, -boden (2), *forbid*: 6. 29.
for-brecan, -bræc, -bræcon, -brocen (4), *break, bruise*: 4. 18.
for-bryttan (W. I.), *break in pieces, crush*: 20. 18.
for-būgan, -bēag (-bēah), -bugon, -bogen (2), *pass by*: 10. 31.
for-ceorfan, -cearf, -curfon, -corfen (3): *cut down*: 13. 7.
for-dǣlan (W.I.), *expend*: 8. 43.
for-dēman (W. I.), *condemn*: 20. 20.
for-dōn, -dyde, -dōn, *destroy*: 19. 47.
for-ealdian (-ealdigean) (W. II.), *grow old*: 12. 23.
fore-smēagan (-smēan) (W. III.), *premeditate*: 21. 14.
fore-stæppan(-stęppan),-stōp, -stōpon, -stapen (6), *go before, precede*: 18. 39; 22. 26.
fore-stihtud, pp. (stihtian), *fore-ordained, predetermined*: 22. 22.
for-flēon, -flēah, -flugon, flo-gėn (2), *flee away from, escape*: 21. 36.
for-gyfan (-giefan, -gifan), -geaf (-gef), -gēafon, -gyfen (5), 1. *forgive*: 5. 20.—2. *give*: 7. 21.—3 *give up, release*: 23. 17, 18, 25.
for-gyfenes (-gyfnes), f., *forgiveness*: 1. 77; 3. 3.
for-gyfenlīc, adj., *pardonable, tolerable*: 10. 12, 14.
for-gyfnes, see for-gyfenes.

GLOSSARY. 133

for-gyldan (-gieldan,-gildan), -geald, -guldon, -golden (3), *pay for, recompense*: 10. 35.
for-gȳman (W. I.), *neglect, transgress*: 15. 29.
for-habban (W. III.), *hold in, restrain*: 24. 16.
for-hogian (-hycgan, W. III.), (W. II.), *despise, reject*: 7. 30.
forht, adj., *afraid, affrighted*: 4. 36.
forhtian (W. II.), *fear, be afraid*: 8. 23.
for-hwyrfan (W. I.), *pervert*: 23. 2, 14.
for-lǣtan, -lēt, -lēton, -lǣten (R.), 1. *let go, send away, dismiss, loose, free*: 1. 53; 13. 12; 14. 4.—2. *leave, forsake, omit*: 4. 39; 5. 11; 11. 42.
for-lēosan, -lēas, -luron, -loren (2), *lose*: 15. 4.
forma, fyrmest (fyrmyst), supl. adj., 1. *first, earliest*: 2. 1. 1—2. *first, foremost, chief*: 13. 30.
for-niman, -nōm (-nam), -nōmon (-nāmon), -numen (4), 1. *dash down, tear*: (*elidere*) 9. 39, 42.—2. *consume*: 9. 54 (see note) 13. 32
for-scrincan, -scranc, -scruncon, -scruncen (3), *shrink up, wither*: 6. 6.
for-sēon, -seah, -sāwon (-sǣgon), -sewen (-sawen) (5), *despise, be ashamed of*: 9. 26.
for-spillan (W. I.), *destroy, waste, lose*: 4. 34; 9. 24; 15. 13.
for-swelgan, -swealg, -swulgon, -swolgen (3), *swallow up, devour*: 20. 47.
for-tredan, -træd, -trǣdon, -treden (5), *tread down*: 8. 5; 21. 24.
forð, adv. *forth, forwards*: 9. 12; 12. 16; heonun forð, *henceforth*, 1. 48.

forð-bringan, -brōhte (W. I.), *bring forth*: 6. 48.
forð-faran, -fōr, -fōron, -faren (6), *go forth, depart, die*: 22. 15.
forð-fēran (W. I.), *depart, die*: 8. 42.
forð-gān, -ēode, -ēodon, -gān, *go forth, advance*: 1. 7, 18.
for-priccednes (-þriccednys), f., *oppression, distress*: 21. 25.
for-þrysmian (W. II.), *suffocate, choke*: 8. 7, 14.
for-wandian (W. II.), *reverence*: 20. 13.
for-weorðan(-wurðan),-wearð, -wurdon, -worden (3), *perish, be lost*: 5. 37; 15. 4.
for-wrecan, -wræc, -wrǣcon, -wrecen (5), *expel, exile*: forwrecen (*peregrinus*), 24. 18.
for-wrēgan (W. I.), *accuse*: 16. 1.
for-wundian (W. II.), *wound badly, afflict with sores*: 16. 20.
for-wyrd, f., *destruction*: 9. 25.
fōt, m., *foot*; 1. 79.
fōt-cops, m., *fetter, shackles for the feet*: 8. 29.
fōt-sceamol, m., *footstool*: 20. 43.
fox, m., *fox*: 9. 58.
fram, prep. (w. dat. instr.), 1. *from* (origin, departure, separation): 1. 3, 38; 2. 26; 5. 15; 11. 51.—2. *by* (agency): 1. 26.
fremede (fremde, fremðe), adj., *strange, foreign, belonging to another*: 16. 12.
fremfull, adj., *beneficent, profitable*: 22. 25.
fremian (W. I., II.), *benefit, profit* (w. dat.): 9. 25.
frēols, m. n., *time of freedom, holy day, feast, festival*: 2. 42.

frēols-dæg, m., *feast-day, festival-day*: 22. 1.
frēols-tīd, f., *feast-tide, festival*: 2. 41.
frēond (frȳnd, frīond), m., *friend*: 7. 6.
fretan, fræt, frǣton, freten (5), *eat up, devour*: 8. 5.
frīge-dæg (frīg-), m., *Friday*: 1. 39. r.
frōfor, f. m., *consolation, comfort*: 2. 25; 6. 24.
fruma, m., *beginning*: 1. 3; 11. 50.
frum-cenned (pp.) adj., *first-begotten, first-born*: 2. 7.
frymð, f. m., *beginning*: 1. 2, 70.
frȳnd (friend), see frēond.
fugol (fugul, fugel), m., *fowl, bird*: 8. 5.
full (ful), adj., *full* (w. gen., or dat.): 2. 40; 4. 1.
full-fremman (W. I.), *fulfill, accomplish, perfect*: 1. 17.
fullian (fulligan) (W. II.), *baptize*: 3. 16.
fulluht, m. f. n., *baptism*: 3. 3; 7. 29; 12. 50; 20. 4.
fulluhtere, m., *baptizer, the Baptist*: 7. 20, 28, 33.
fur-lang, n., *furlong*: 24. 13.
furðun (furðum, furðon), adv., *even, further*: 18. 13; 23. 15.
fylgean (fyligean, fīligean) W. III., II.): *follow* (w. dat.): *follow, attend*: 5. 27, 28.
fyllan (W. I.), 1. *fill*: 1. 15, 28, 41. — 2. *fulfill, accomplish, complete, end*: 1. 20, 23.
fylstan (W. I.), *help* (w. dat.): 5. 7; 10. 40.
fȳnd (fiend), see fēond.
fȳr, n., *fire*: 3. 9.
fyrenian (firenian (W. II.), *commit adultery*: 18. 20.
fyrlen (feorlen), adj., *far off, distant*: 15. 13; 19. 12.
fyrmest (fyrmyst), see forma.
fyrr, see feorr, adv.

G.

gaderian (gaderigan), *gather*: 3. 17.
gafol, n., *tax, tribute*: 20, 22; 23. 2.
gafol-gylda, m., *debtor*: 7. 41.
gǣlsa, m., *luxury, extravagance*: 15. 13.
gān, ēode, eodon, (ge)gān, *go, come, walk*: 1. 9, 17, 22; 5. 23; 7. 22; 9. 46.
gangan, geong (gengde, ēode), geongon, gangen (R.), *go, walk*: 1. 6, 28; 4. 42; 8. 16.
gang-dagas, pl. m., *Rogation days*: 11. 5. r.
gāst (gǣst), m., *spirit*: 1. 15.
ge, conj., *and, also*; ge . . . ge, *both . . . and*, 8. 25.
gē, see þū.
ge-an-bīdian (W. II.), *abide, await, expect* (w. gen. or acc.): 1. 21; 2. 25, 38; 23. 35, 51.
ge-and-wyrdan (W. I.), *answer, respond*: 14. 6.
gēar (gēr), n., *year*: 2. 36.
geare (gearwe), adv., *readily, certainly, well*: 20. 6.
gearu, adj., *ready*: 14. 17; 22. 33.
gearwian (W. II.), *make ready, prepare*: 1. 76.
geat (gat, get), n., *gate*: 7. 12; 13. 24.
ge-bed, n., *prayer*: 6. 12.
ge-bed-hūs, n., *house of prayer*: 19. 46.
ge-belgan, -bealg (-bealh), -bulgon, -bolgen (3), *make angry, irritate* (w. refl. acc.): 13. 14.
ge-bēorscype (-bēorscipe), m., *banquet, feast*: 5. 29; þurh gebeorscypas, '*in companies*' (*per convivia*), 9. 14.
ge-bētan (W. I.), *amend, correct*

GLOSSARY.

(*by punishment*), *chastise*: 23. 16.
ge-bīdan, -bād, -bidon, -biden (1), *wait for, expect* (w. gen.): 8. 40.
ge-biddan, -bæd, -bǣdon, -beden (5), *pray*: 1. 10; (w. refl. acc.), 5. 16.
ge-bindan, -band, -bundon, -bunden (3), *bind*: 13. 16.
ge-blissian (W. II.), *rejoice, be glad, make glad*: 1. 47.
ge-bod, n., *command, edict*: 2. 1.
ge-bodian (W. II.), *preach*: 7. 22.
ge-brot, n., *fragment*: 9. 17.
ge-brōðru (-brōðor), m. pl. tant., *brethren*: 8. 19.
ge-byrian (-byrigean) (W. I., II.). 1. *happen*: 8. 42.—2. *pertain to, be suitable, behove* (impers.): 1. 1. r, 39. r; 2. 49.
ge-cǣlan (W. I.), *cool*: 16. 24.
ge-cēosan, -cēas, -curon, -coren (2), *choose*: 3. 22; 6. 13.
ge-clǣnsian (W. II.), *cleanse*: 5 12; 11. 39.
ge-cnāwan,-cnēow,-cnēowon, cnāwen (R.), *know, perceive, understand*: 5. 22; 23. 7.
ge-cnǣwe, adj., *acknowledging, aware of* (w. gen.): 4. 22.
ge-cnyttan (W. I.), *tie or fasten to*: 17. 2.
ge-cynd-lim, n., *womb*: 2. 23.
ge-cyrran (W. I.), 1. *turn, convert*: 1. 16, 17.—2. *turn oneself, return, go*: 10. 6, 17.
ge-dafenian (-dafnian) (W. II.), *befit, behove* (impers.): 4. 43.
ge-dæftan (W. I.), *put in order, prepare*: 22. 12.
ge-dōn, -dyde, -dydon, -dōn, *do, make, cause*: 1. 25; 6. 9; 10. 35.
ge-dreccean,-dreahte(-drehte) (W. I.), *vex, torment*: 6. 18; 7. 6.

ge-drēfan (W. I.), *trouble, offend*: 17. 2.
ge-drēfednes (-nys), f., *trouble, offence, disturbance, confusion*: 17. 1; 21. 25.
ge-ēacnian (W. II.), *grow big, become pregnant*: 1. 24, 36.
ge-earwian, see ge-gearwian.
ge-ēað-mēdan (-ēad-) (W. I.), *humble oneself, worship*: 4. 7, 8.
ge-ed-cucian (-cwician) (W. II.), *requicken, revive*: 15. 24, 32.
ge-ed-nīwian (W. II.), *renew, restore*: 6. 10.
ge-ende-byrdan (W. I.), *arrange, set in order*: 1. 1.
ge-endian (W. II.), *end, finish*: 14. 30.
ge-fagnian (-fægnian) (W. II.), *rejoice, be glad* (w. gen., or dat.): 1. 14.
ge-fēa, m., *joy, gladness*: 1. 14.
ge-feoht, n., *fight, war*: 21. 9.
ge-feohtan, -feaht, -fuhton, -fohten (3), *fight, make war*: 14. 32.
ge-fēr, n., *company*: 2. 44.
ge-fēra, m., *companion*: 5. 7.
ge-fōn, -fēng,-fēngon, -fangen (R.), *catch, take, receive*: 5. 5; 9. 11; 22. 52.
ge-frēfrian (W. II.), *comfort, console*: 16. 25.
ge-fremman (W. I.), *perform, do*: 13. 32.
ge-frȳnd (-frīend), pl. m., *friends*: 23. 12.
ge-fylgean (W. I.), *follow* (w. dat.): 1. 3.
ge-fyllan (W. I.), *fill, fulfill, accomplish*: 1. 53; 2. 39.
ge-fȳnd (-fīend), pl. m., *foes, enemies*: 23. 12.
ge-fyrn, adv., *formerly, long ago*: 10. 13.

ge-gaderian (W. II.), *gather*: 13. 34.
ge-gearwian (-earwian) (W. II.), *prepare, make ready*: 1. 17; 2. 31.
ge-gearwung, f., *preparation*: 23. 54.
ge-grīpan, -grāp, -gripon, -gripen (1), *seize*: 8. 29.
ge-gyrela (-gyrla), m., *garment, robe*: 15. 22; 20. 46.
ge-hæftan (W. I.), *take, take captive, bind*: 4. 18; 8. 37.
ge-hǣlan (W. I.), *heal, save*: 4. 18, 23; 9. 24.
ge-healdan, -hēold, -hēoldon, -healden (R.), *hold, keep, preserve, possess*: 2. 19; 5. 38; 21. 19.
ge-hēapian (W. II.), *heap or pile up*: 6. 38.
ge-hęfigian (-hęfegian) (W. II.), *make heavy, burden*: 9. 32.
ge-hęnde, adv., *near, at hand*: 21. 30, 31.
ge-hihtan (W. I.), *hope for*: 6. 35.
ge-hwǣde, adj., *little, scanty*: 12. 28.
ge-hweorfan, -hwearf, -hwurfon, -hworfen (3), *turn, go away, return*: 2. 39; 24. 52.
ge-hwilc (-hwylc, -hwelc), indef. pron., *each, every, each or every one*, pl. *all*: 19. 15.
ge-hȳran (W. I.), *hear, obey* (w. acc., or dat.): 1. 41.
ge-īcan (-īecan, -ȳcan), -īcte (-īhte) (W. I.), *increase, add to*: 3. 20; 12. 31.
ge-laðian (W. II.), *invite, call*: 7. 39.
ge-lēafa, m., *belief, faith*: 5. 20.
ge-līc, adj., *like, equal* (w. dat.): 6. 47; 20. 36.
ge-līce, adv., *likewise, in like manner*: 3. 11.

ge-līcian (W. II.), *please, delight, be pleasing*: 3. 22; 10. 21; 12. 32.
ge-līcnes, f., *similitude, proverb* 4. 23.
ge-līf-fæsten (W. I.), *make alive, quicken*: 17. 33.
ge-lōmlīce, adv., *frequently*: 5. 33.
ge-lȳfan (W. I.), *believe* (w. dat, or acc.): 1. 20.
ge-mangian (W. II.), *traffic, trade, gain by trading*: 19. 15.
ge-mearcian (W. II.), *mark, appoint*: 10. 1.
ge-met, n., *measure*: 6. 38.
ge-mētan (W. I.), *meet, find* 2. 12.
ge-miltsian (W. II.), *show mercy, pity* (w. dat.): 16. 24.
ge-mōt, n., *meeting, assembly, council*: 22. 66.
ge-munan, -man, -munon, pret.-munde (PP.), *remember*, (w. gen., or acc.): 1. 54, 72; 22. 61.
ge-mynd, f. n., *remembrance, commemoration*: 22. 19.
ge-myndig, adj., *mindful of* (w. gen.): 17. 32.
ge-nēa-lǣcan, -lǣhte (W. I.), *draw near, approach* (w. dat. or acc.): 7. 12.
ge-nęmnan (W. I.), *name, call*: 1. 31.
ge-nēosian'(W. II.), *visit, come to* (w. gen., dat., or acc.): 1. 78; 8. 19.
ge-nēosung, f., *visitation*: 19. 44.
ge-nip, n., *cloud*: 9. 34, 35.
ge-nōh (-nōg), adj., *enough*: 15. 17.
ge-nyrwan (-nyrwian, W. II.) (W. I.), *bring into a narrow compass, confine*: 19. 43.
ge-nyðerian (-niðerian, -ni-

ðrian) (W. II.), *put down, bring low, condemn*: 3. 5; 6. 37.
ge-nyðerung (-nīðerung), f., *condemnation*: 20. 47; 23. 40.
geoguþ (geogoþ), f., *youth*: 18. 21.
geond, prep. (w. acc.), *throughout*: 14. 23.
geong, adj., *young*: 7. 14.
geornfull, adj., *solicitous, anxious*: 10. 41.
geornlīce, adv., *diligently, earnestly*: 1. 3.
gēr, see gēar.
ge-reccean, -reahte (W. I.), *direct*: 1. 79.
ge-rēfa, m., *reeve, officer, steward*: (*procurator*) 8. 3; (*vilicus*) 16. 1, 3; (*decurio*) 23. 50.
ge-rēf-scīr, f., *stewardship*: 16. 3.
ge-reord, n., *meal*: 11. 38.
ge-restan (W. I.), *rest*: 12. 19.
ge-riht, adj., *right, straight*: 3. 5.
ge-riht-wīsian (W. II.), *justify*: 10. 29.
ge-rȳne, n., *mystery*: 8. 10.
ge-samnung (-somnung, *congregation, synagogue*: 4. 15.
ge-scȳ, n., *pair of shoes*: 10. 4; 15. 22; 22. 35.
ge-scyldgian(-scyldigian) (W. II.), *make guilty, entrap into guilt*: 20. 20.
ge-sellan, -sealde (W. I.), *give, give up, deliver, betray*: 20. 20; 21. 16; 22. 4.
ge-sēon, -seah (-seh), sāwon (-sǣgon), -sewen (-sawen) (5), *see, perceive, regard, care for*: 1. 2, 12, 25, 48; 9. 38.
ge-settan (W. I.), 1. *set, present, place, fix, appoint*: 2. 22; 3. 13; 4. 9 — 2. *settle, cause to occupy*: 20. 9.
ge-sihð, f., *sight, vision*: 1. 22.

ge-sittan, -sæt, -sǣton, -seten (5), *sit, recline (at table)*: 7. 36.
ge-stillan (W. I.), *still, restrain, be still, rest*: 23. 56.
ge-strangian (W. II.), *make strong, strengthen*: 1. 80; 2. 40.
ge-strēon, n., *produce, gain, usury*: 19. 23.
ge-strȳnan (W. I.), *produce, gain, acquire*: 19. 16, 18.
ge-swencan (W. I.), *oppress, harass*: 8. 45; 21. 16.
ge-swīcan, -swāc, -swicon, -swicen (1), *cease, stop*: 5. 4.
ge-swinc, n., *temptation*: 22. 28.
ge-swingan, -swang, -swungon, -swungen (3), *scourge*: 18. 32.
ge-swutelian (-sweotolian) (W. II.), *make known, manifest, show*: 8. 47.
get, see geat.
ge-teorian (-teorigan), *fail, cease*: 16. 9; 18. 1.
ge-timbrian (-timbran, W. I.), (W. II.), *build*: 7. 5.
ge-trymman (W. I.), *found, fix, establish, strengthen*: 6. 48; 9. 51; 16. 26.
ge-tyme, n., *team, yoke*: 14. 19.
ge-þafian (W. II.), *permit, allow, assent to*: 4. 41.
ge-þanc, m. n., *thought, mind*: 5. 22; 6. 8; 7. 39.
ge-þeaht, f. n., *thought, counsel*: 7. 30; 23. 51.
ge-þencean, -þōhte (W. I.), *think of, remember*: 16. 25.
ge-þēode, n., *language*: 8. 30.
ge-þōht, m., *thought*: 2. 35.
ge-þwǣrian (W. II.), *cause to agree, agree, consent* (w. dat., or acc.): 23. 51.
ge-þyld, f., *patience*: 8. 15.
ge-þyncean, -þūhte (W. I.), 1.

seem, appear : wǣron ge-
 þūhte (visa sunt), 24. 11.—
 2. seem good: 1. 3.
ge-un-rētan (W. I.), sadden,
 trouble : 18. 23.
ge-wǣcan, -wǣcte (-wǣhte)
 (W. I.), afflict, oppress : 20.
 11.
ge-wǣpnian (W. II.), arm with
 weapons : 11. 21.
ge-wemman (W. I.), corrupt :
 12. 33.
ge-wendan (W. I.), 1. turn
 oneself, go, return : 1. 56.—2.
 turn, change, convert : 22. 32.
ge-wenge, n., cheek: 6. 29.
ge-weorðan (-wurðan, -wyr-
 ðan), -wearð, -wurdon,
 -worden (3), 1. happen, come
 to pass, befall : 1. 20, 34, 38.—
 2. be, become, be made, be done :
 4. 3 ; 8. 12 ; 13. 17 ; 22. 26.
ge-wīdmǣrsian (W. II.), pub-
 lish widely, make known
 abroad : 1. 65; 4. 37.
ge-wilnian (W. II.), wish, de-
 sire : 15. 16 ; 22. 15.
ge-wilnung, f., desire, longing:
 22. 15.
ge-winn, n., struggle, agony :
 22. 44.
ge-wisslīce (-wislīce), adv.,
 certainly, moreover, even : 10.
 42 ; 11. 20.
ge-wist-fullian (W. II.), feast :
 15. 23, 29, 32 ; 16. 19.
ge-wistian (W. II.), feast: 12.19.
ge-wist-lǣcan, -lǣhte (W. I.),
 feast : 15. 24.
ge-wit (-witt), n., knowledge:
 1. 77.
ge-wita, m., witness : 24. 48.
ge-wītan, -wāt, -witon, -witen
 (1), go, depart: 1. 38.
ge-wītendnes, f., departure : 9.
 31.
ge-witnes, f., testimony : 5. 14.
ge-wrēgan (W. I.), accuse ; 6. 7.

ge-writ, n., writing, scripture:
 4. 21.
ge-wrīxl, n., change, turn,
 course : 1. 5, 8.
ge-wuna, m., custom, wont: 1. 9.
ge-wunian (W. II.), dwell, re-
 main : 8. 27.
ge-wyrcan, -worhte (W. I.),
 perform, celebrate : 22. 7, 8.
gif (gyf), conj., if: 4. 3.
gīfre, adj., greedy, covetous : 16.
 14.
giftian (giftigean) (W. II.),
 give a woman in marriage:
 20. 35.
gifta (giftu, gyfta, -u), pl. f. n.,
 nuptials, marriage: 12. 36.
 (cf. gyfu).
git, see þū.
glēaw, adj., prudent, wise : 10.
 21 ; 16. 8.
glēawlīce, adv., prudently: 16.8.
glēaw-scipe (-scype), m., sa-
 gacity, wisdom: 1. 17 ; 2. 47.
glengan (W. I.), ornament,
 adorn : 21. 5.
gnīdan, gnād, gnidon, gniden
 (1), rub : 6. 1.
God, m., God : 1. 6.
gōd, comp. betera, supl. betst,
 adj., good: 2. 14.
gōd, n , good, good thing, goods :
 1. 53; 12. 18.
god-spell (-spel), n., gospel :
 1. 1. r.
god-spellere, m., evangelist :
 1. 1.
gold-hord, m. n., treasure, trea-
 sury : 6. 45 ; 12. 33 ; 18. 22.
gorst, m., gorse, bramble : 6. 44.
gram, adj., troublesome : 11. 7 ;
 18. 5.
grāpian (W. II.), grope, touch,
 feel with the hands : 24. 39.
grēada, m., bosom : 16. 22, 23.
gremman (W. I.), provoke; re-
 vile, blaspheme : 23. 39.
grēne, adj., green : 23. 31.

grētan (W. I.), *greet, salute*: 1. 40.
grēting, f., *greeting, salutation*: 1. 29.
grīn, f. n., *snare*: 21. 35.
grindan, grand, grundon, grunden (3), *grind*: 17. 35.
grund, m., *abyss, sea*: 8. 31.
grund-weall, m., *foundation*: 6. 48.
grystlung, f., *gnashing, grinding*: 13. 28.
gyf, see gif.
gyfu (gifu, giefu), f., *gift, grace, favour*: 1. 28, 30; 2. 40, 52. (cf. gifta).
gylt, m., *guilt, offence, sin*: 11. 4; 19. 48.
gȳman (W. I.), *observe, take heed* (w. gen.): 6. 7; 12. 15; 14. 7.
gyrd, f., *rod, staff*: 9. 3.
gyrdan (W. I.), *gird*: 17. 8.
gyrnan (W. I.), *yearn, desire* (w. gen.): 11. 16; 22. 31, 71.
gȳt (gīet), adv., *yet, still*: 1. 15; þā gȳt, *still*, 14. 23.
gyt, see ðū.
gȳtsung (gītsung), f., *avarice, covetousness*: 12. 15; on gȳtsunge (*in abundantia*), 12. 15 (see notes).

H.

habban (W. III.), *have, possess*: 3. 8.
hæftling, m., *captive*: 21. 24.
hāl, adj., *whole, hale, well, sound*: 1. 28; 5. 31; 6. 9; 8. 12, 47; *health, salvation (salus)*, 19. 9.
hǣlan (W. I.), *heal*: 6. 7.
Hǣlend, m., *Saviour*: 1. 31.
hālgian (W. II.), *hallow*: 11. 2.
hālig (hāli, hāleg), adj., *holy*: 1. 15.
hālignes, f., *holiness*: 1. 75.
hālsian (hālsigan) (W. II.), *entreat, beseech*: 8. 28.
hālsung, f., *entreaty, supplication*: 2. 37.
hǣlu (hǣlo), f. *health, cure, salvation*: 1. 69; 13. 32.
hām, m., *home*: adv., *home*, 2. 20.
hana, m., *cock*: 22. 34.
hǣnan (W. I.), *stone*: 13. 34; 20. 6.
hand, f., *hand*: 1. 66.
hangian (W. II), *hang, be suspended*: 23. 39.
hǣre, f., *hair-cloth, sack-cloth*: 10. 13.
hærfest (hærfast), m., *harvest, autumn*: 7. 36. r.
hātan, hēt (heht), hēton, hāten (R.), 1. *call, name*: 5. 27.—2. *command*: 8. 55.
hatian (W. II.), *hate*: 1. 71.
hatung, f., *hate, hatred*: 21. 17.
hē, hēo, hit, 3rd pers. pron., *he, she, it*; pl. *they*.
hēafod, n., *head*: 7. 38.
hēafod-panne, f., *skull*: 23. 33.
hēah, adj., *high, excellent*: 1. 32; 16. 15.
hēahnes, f., *height, highest point*: 2. 14.
heah-sācerd, m., *high-priest*: 24. 20.
heah-setl, n., *high seat, seat of honour (at table)*: 11. 43.
healdan, hēold, hēoldon, healden (R.), *hold, keep, guard*: 2. 8; 8. 15, 29; 15. 15.
healf, adj., *half*: 19. 8.
healf, f., *half, side*: 1. 11.
heall, f., *hall*: 22. 12.
healt, adj., *halt, lame*: 7. 22.
hearpe, f., *harp*, 7. 32.
hedd-ern, n., *store-house*: 12. 24.
hefiglīce, adv., *heavily, grievously*: 11. 53.

hęge, m., *hedge* : 14. 23.
hĕhst, see hēah.
helfling, m., *halfpenny* : (*dipondium*), 12. 6.
hęll, f., *hell* : 10 15.
helpan, healp, hulpon, holpen (3), *help* (w. dat.) : (*convenit*), 5. 36.
hēo, see hē.
hēofan (2, and R.), *mourn, lament, bewail* : 23. 27 ; (W. I.) 7. 32.
hēofian (W. II.), *mourn, lament, bewail* : 6. 25 ; 8. 52.
heofon (heofen) (heofone, f.), m., *heaven* : 2. 15.
heofonlīc, adj., *heavenly, celestial* : 2. 13.
heonan (heonon, heonun), adv., *hence* : 1. 48 ; heonon forð, *henceforth*, 12. 52 ; 22. 16.
heord, f., *herd, flock* : 2. 8.
heorte, f., *heart* : 1. 17, 51.
hēr, adv., *here* : 1. 38.
hęre, m., *army* : 21. 20.
hęre-rēaf, n., *spoil* : 11. 22.
hęrian (hęrigean, hęrgan) (W. I.), *praise* : 2. 13 ; (*justificare*) 7. 29.
hider (hyder, hidere), adv., *hither* : 9. 41.
hīg (hīeg), n., *hay, grass* : 12. 28.
hingrian, see hyngrian.
hīrēd, m., *family, household* : 2. 4 ; 12. 39 ; *body of retainers* (*exercitus*), 23. 11.
hīw, n., *hue, appearance, fashion* : 9. 29.
hīwian (hīwgan) (W. II.), *feign, pretend* : 20. 47.
hīw-rǣden, f., *family, household* : 10. 5 ; 19. 9.
hlāf, m., *loaf, bread* : 4. 3.
hlāford, m., *lord, Lord* : 8. 24.
hlihhan (hlyhhan), hlōh, hlōgon,—(6), *laugh* : 6. 21.

hlining (hlinung), f., *leaning, couch* : *place at table* (*discubitus*), 20. 46.
hlīsa, m., *fame, renown* : 4. 14, 37.
hlot, n., *lot* : 1. 9.
hlūtor (hlūttor), adj., *clear, pure, sincere* : (*simplex*) 11. 34.
hlȳdan (W. I.), *make a loud noise, vociferate* : 23. 5.
hlyst, m. f., *hearing* : 7. 1.
hlystan (W. I.), *listen, hear* : 2. 46 ; 16. 29.
hnęsce, adj., *soft, delicate* : 7. 25.
hol, m., *hole, hollow* : 9. 58.
hōn, hēng, hēngon, hangen (R.), *hang, crucify* : 23. 33.
hopian (W. II.), *hope* : 23. 8 ; 24. 21.
horn, m., *horn* : 1. 69.
hosp, m., *reproach, opprobrium* : 1. 25.
hrǣdlīce (hradlīce), adv., *soon, quickly* : 6. 49.
hrǣgel (hrægl), n., *garment, robe, clothing* : 2. 12.
hraðe (raðe), adv., *quickly* : 14. 21.
hręfn (hræfn), m., *raven* : 12. 24.
hrēod, n., *reed* : 7. 24.
hrēof, adj., *leprous* : 17. 12.
hrēofla, m., 1. *leper* : (*vir plenus lepra*) 5. 12 ; (*leprosi*) 7. 22.— 2. *leprosy* : (*lepra*) 5. 13.
hrēohness, f., *roughness (of the sea), tempest* : 8. 24.
hrēosan, hrēas, hruron, hroren (2), *fall* : 1. 12.
hrēowsung, f., *repentance* : 10. 13.
hrīdrian (W. II.), *sift, winnow* : 22. 31.
hring, m., *ring* : 15. 22.
hrōf, m., *roof* : 5. 19.
hrycg, m., *ridge, pinnacle* : 4. 9.

hrȳman (W. I.), *exult, cry out, exclaim*: 4. 33, 41; 8. 28.
hryre, m., *fall, downfall, ruin*: 2. 34; 6. 49.
hū, adv., *how*: 6. 4; hū ne (*nonne*), 6. 39.
hū-meta, adv., *how, in what manner*: 12. 56; 20. 44.
hund, m., *dog*: 16. 21.
hund, num., *hundred*: 7. 41.
hund-eahtatig, num., *eighty*: 2. 37.
hund-feald, adj., *hundredfold*: 8. 8.
hund-nigontig, num., *ninety*: 15. 4.
hundred-mann, m., *centurion*: 7. 26.
hund-seofontig (-seofantig), num., *seventy*: 3. 24.
hungor (hunger), *hunger, famine*: 4. 25.
hūs, n., *house*: 1. 23.
hūs-hlāford, m., *master of a house*: 22. 11.
hwā, hwæt, pron., 1. (interrog.), *who, what*: 3. 12; 4. 36; 5. 21; 7. 31, 49;—hwæt, interj., *what! lo! behold!* 14. 30.—2. (indef.) *any one, some one; any thing, something, what*, 9. 23; swā hwæt swā, *whatsoever, whatever*, 9. 10.—3. (rel.), 6. 3.
hwænne, adv., *when*: 12. 36; 21. 7.
hwanon (hwanun), adv., *whence*: 1. 18, 43.
hwār (hwǣr), adv., *where*: 8. 25; swā hwār swā, *wheresoever*, 17. 37.
hwæt, see hwā.
hwēte, m., *wheat*: 3. 17.
hwæðer, conj. adv., *whether*: 3. 15; hwæðer þe, *or*, 6. 9.
hwæðer, interrog. pron., *which of two*: 5. 23.
hwæðere (hwæðre), adv., *yet, however*: 6. 24, 35.

hweorfan, hwearf, hwurfon, hworfen (3), *turn, go*: 17. 18.
hwī, see hwȳ.
hwīl, f., *while, time*: 4. 13; hwīlum, *for a time*, 8. 13.
hwilc (hwylc, hwelc), pron. adj., 1. (interrog.), *who, which, what*: 6. 32, 33, 34; 10. 29.—2. (indef.) *which, what, any, any one*: 8. 47; 10. 22; swā hwylc swā, *whosoever, whoever*, 7. 23; *whatever*, 9. 4.
hwīt, adj., *white*: 9. 29.
hwȳ (hwī), instr. of hwæt, adv., *why*: 2. 48.
hwyder (hwider), adv., *whither*: 12. 17; swā hwyder swā, *whithersoever*, 9. 57.
hyder, see hider.
hyldan (W. I.), *incline, bow*: 24. 5.
hyngran (hingran) (W. I.), *hunger* (impers. w. acc. of pers.): 4. 2; 6. 3.
hyngrian (hingrian) (W. II.), *hunger*: 1. 53; 6. 21, 25.
hȳr, f., *hire, interest*: 19. 23.
hyrde (hirde), m., *herd, shepherd, keeper*: 2. 8, 18; 13. 7.
hyrdnes (hyrdnys, hirdnes), f, *guard, custody*: 21. 12.
hyrne, f., *corner*: 20. 17.
hȳrsumian (W. II.), *obey* (w. dat.): 8. 25.

I.

ic, first pers. pron., *I*: 1. 1.
īcan (ȳcan) (W. I.), *increase, add to*: 12. 25.
īdel (ȳdel), adj., *idle, empty, vain*: 1 53.
ilca (ylca), pron. adj., *same*: 1. 39. 1.
in, adv., *in*: 1. 40.
inc, incer, incit, see þū.

in-ge-hȳd (-hygd), f. n., *thought, knowledge*: 11. 52.
innan, adv., and prep. (w. gen., dat., or acc.), *in, within, from within*: 4. 38. r; 7. 36. r; 11. 39, 44.
inne, adv., *in, within*: 11. 40.
innoð, m., 1. *bowels (of mercy)*: 1. 78.—2. *womb*: 1. 15, 31.
in-tinga, m., *cause, accusation, complaint, fault*: (*causa*) 23. 4, 14.
in-to, prep. (w. dat., or acc.): *into*: 3. 3, 17.

L.

lā, interj., *lo! behold! particle of emphasis*: 4. 34; 5. 20.
lāc, n., *gift, offering*: 21. 1.
læce, m., *leech, physician*; 4. 23.
læce-hūs, n., *hospital*: (*stabulum*) 10. 34.
lācnian (W. II.), *treat with medical skill, cure*: 10. 34.
lācnung, f., *healing, cure*: 9. 11.
lædan (W. I.), *lead, bring*: 2. 22; wīf lædan, *take a wife, marry*, 14. 20.
lāf, f., *remnant, remainder*: 24. 43; tō lāfe is, *remains over*, 11. 41.
læfan (W. I.), *leave*: 17. 35, 36.
lam, adj., *lame* (lama, m., *one that is lame*): 5. 18, 24.
lamb, n., *lamb*: 10. 3.
læn, n. f., *loan*: 6. 35.
lænan (W. I.), *lend*: 6. 34.
land, n., *land*: 5. 3.
lænend, m., *lender, creditor*: 7. 41.
lang, adj., *long*: 8. 27.
lange, adv., *long*: 5. 34.
lār, f, *lore, teaching, doctrine*: 4. 32.

læran (W. I.), *teach*: 1. 4; 3. 18.
lārēow, m., *teacher, master*: 2. 46; 3. 12.
læs, comp. adv., *less*; þē (þȳ) læs, *the less, lest*, 4. 11.
læsian (læsgan) (W. II.), *pasture, feed*: 8. 32; 17. 7.
læssa, læsse, see lȳtel.
læst, see lȳtel.
lēt, adj., *late, slow*: 1.. 21; 24. 25.
lætan, lēt (leort), lēton, læten (R.), 1. *let go, dismiss*: 2. 29; 5. 4, 5; 9. 12.—2. *let alone*: 4. 34; 13. 8.—3. *let, permit, allow*: 6. 42; 8. 51; 9. 60.—4. *leave*: 10. 40.—5. *make appear, pretend, simulate*: 20. 20.
laðian (W. II.), *invite*: 14. 12.
læwa, m., *betrayer, traitor*: 6. 16; 22. 21.
lęcgan (W. I.), *lay, place*: 11. 16.
lęncten, m., *spring, lent*: 4. 38. r.
lęncten-wicu (-wucu), f., *week in lent*: 15. 11. r.
lęndenu, pl. n., *loins*: 12. 35.
lęng, comp. adv., *longer*: 16. 2.
lēode, pl. m., *people*: 19. 14.
lēof, adj., *dear, beloved*: 9. 35.
leoflan, see libban.
lēogan, lēag (lēah), lugon, logen (2), *lie, deceive, bear false witness against*: 18. 20.
lēoht, n., *light*: 2. 32; *light fire* (*lumen*), 22. 56.
lēoht-fæt, n., *vessel for giving light, lantern, lamp, candle, light* (*lucerna*): 8. 16; 11. 33, 34, 36; 12. 35; 15. 8.
leorning-cniht, m., *disciple*: 5. 30.
libban (lybban, lifgan), lifde, leofode (W. III.): 2. 36; 4. 4.

GLOSSARY.

liccian (W. II.), *lick*: 16. 21.
līcetere (līcettere), m., *one who feigns, hypocrite*: 6. 42.
līcetung (līcettung), f., *hypocrisy*: 12. 1.
licgan, læg, lǣgon, legen (5), *lie, be at rest*: 5. 25.
līc-hama, m., *body, corpse*: 11. 34; 17. 37.
līc-hamlic, adj., *bodily, corporeal*: 3. 22.
līc-þrōwere, m., *one suffering from ulcers on the body, leper*: 4. 27.
līf, n., *life*: 8. 14.
līg (līeg), m., *fire, flame*: 16. 24.
līg-ræsc, m., *lightning*: 10. 18; 11. 36; 17. 24.
lilie, f., *lily*: 12. 27.
līn-wǣd, f., *linen garment, or cloth*: 24. 12.
lið, n. (m.), *joint, limb, member of the body: tip (of the finger)*, 16. 24.
locc, m., *lock (of hair), hair*: 7. 44.
lōcian (W. II.), *look, behold*: 2. 34.
lof, m. n., *praise, glory*: 18. 43.
lufian (lufigean) (W. II.), *love*: 6. 27.
lufu, f., *love*: 11. 42.
lust, m., *lust, pleasure, desire*: 8. 14.
lybban, see libban.
lȳfan (W. I.), *allow*: 8. 32.
lyft, m. f. n., *air, sky, cloud*: 12. 54; 21. 27.
lȳhtan (W. I.), *lighten, give light*: 17. 24.
lȳtel (lītel), comp., lǣssa, supl., lǣst, adj. *little, small*: 7. 28; 12. 32.
lȳt-hwōn, n., and adv., *little, somewhat*: (*pusillum*) 5. 3.
lȳtling, m., *little one, child*: 10. 21; 17. 2.
lȳðre, adj., *base, evil, wicked*: 19. 22.

M.

mā, comp. adv., *more*: 5. 15.
mǣden, see mǣgden.
mǣg, m., 1. *relative, kinsman* (*cognatus*): 2. 44.—2. *parent* (*parens*): 2. 27, 41, 43; 8. 56; 21. 16.—3. *neighbour* (*proximus*): 10. 36.
magan, mæg, magon, pret. meahte (mihte) (PP.), *may, can, be able*: 1. 20, 22; 12. 36.
mǣgden (mǣden), n., *maiden, girl*: 8. 50.
mǣge, f., *kinswoman*: 1. 36.
mægen, n., *strength, power, virtue*: 1. 51; 4. 14; 6. 19; 8. 46; *faculty, mind* (*mente*), 10. 27; '*mighty works*' (*virtutes*), 10. 13.
mægen-þrymm, m., *glory, majesty*: 9. 26.
mægð, f., *family, kindred, tribe, nation*: 1. 61; 2. 36; 21. 24.
mann (man), m., *man*: 1. 25; —indef., *one*, 9. 17.
mān-full, adj., *wicked, evil; publican* (*publicanus*): 3. 12; 5. 29, 30; 7. 34; 15. 1.
manegeo, see menigu.
manig (mænig), adj., *many, many a*: 1. 1.
man-slyht, m., *manslaughter, murder*: 23. 19, 25.
māra, see micel.
mǣre, adj., *famous, illustrious*: 1. 15.
mǣrsian (W. II.), *glorify, magnify, exalt, praise*: 1. 46.
mǣrð, f., *fame, glory, majesty*: 9. 43.
mæsse, f., *mass*: 2. 1. r.
mæsse-ǣfen, m. n., *eve of a festival*: 1. 1. r.

mæsse-dæg, m., *day of a festival*: 1. 56. r.
mæsse-niht (-nyht), f., *night of a festival*: 2. 1. r.
mæst, see micel.
mēd, f., *meed, reward*: 6. 23.
melu (meolu), n., *meal*: 13. 21.
męnegeo, see męnigu.
męnego, męnegu, see męnigu.
męngan (W. I.), *mix, mingle*: 13. 1.
męnigu (męnigo, męnigeo, męnegu, męnego, manegeo, męnegeo), f., *multitude, crowd*: 3. 7, 10.
meox, n., *muck, dung*: 13. 8.
męre, m., *see, lake*: 5. 1, 2.
metan, mæt, mǣton, meten (5), *mete, measure*: 6. 38.
męte, m., *meat, food*: 3. 11.
micel (mycel), adj., *great, much*: 1. 42, 49.—Comp., māra: 3. 13; 7. 26.—Supl., mǣst: 21. 3.
mid (myd), prep. (w. dat., instr., or acc.), *with* (association, means, condition): 1. 28, 30, 37, 39; 2. 7, 52.
midd (mydd), adj., *mid, middle*: 11. 5.
middan-geard (myddan-, -eard), m., *earth, world*: 9. 25.
middan-winter (myddan-wynter), m., *mid-winter, Christmas*: 1. 26. r; 19. 29. r.
midde-sumor (-sumer), m., *mid-summer, Summer solstice*: 1. 1. r.
midde-winter (mydde-wynter), m., *mid-winter, Christmas*: 2. 1. r.
midlen, n., *middle, midst*: 4. 30, 35; 21. 21; 22. 27; 24. 36.
mid-sumor, m., *mid-summer*: 1. 56. r.
miht (myht, meaht), f., *might, power, authority*: 1. 17, 35; 4. 36.

miht, mihte, see magan.
mihtelīc, adj., *possible*: 18. 27.
mihtig, adj., *mighty, powerful*: 1. 49.
milde, adj., *mild, merciful*: 18. 13.
mild-heort, adj., *mild-hearted, merciful*: 6. 36.
mild-heortnes, f., *mercy, compassion, pity*: 1. 50.
mīn, see ic.
mīn., poss. pron., *mine, my*: 1. 18.
minte, f., *mint*: 11. 42.
mislīc, adj., *various, diverse*: 4. 40.
mitta, m., *measure*: 16. 7.
mōd, n., *mind, spirit, disposition*: 1. 51.
mōdor (mōder), f., *mother*: 1. 15.
mōna, m., *moon*: 21. 35.
mōnaþ, m., *month*: 1. 24.
morgen (męrgen), m., *morning, morrow*: 12. 28.
moððe, f., *moth*: 12. 33.
munt, m., *mountain*: 3. 5.
munt-land, n., *hilly country*: 1. 39.
murcnian (W. II.), *murmur, complain*: 5. 30.
mūð, m., *mouth*: 1. 64.
mūða, m., *mouth of a river, estuary*: 6. 17.
mycel, see micel.
mycelnes (micelnes), f., *greatness, multitude*: 2. 13.
myd(d), see midd.
myht, see miht.
myltystre (miltestre), f., *harlot*: 15. 30.
mynegian (W. II.), *bring to mind, remind, ask for* (w. acc. of pers. and gen. of thing): 6. 30.
mȳse, f., *table*: 22. 21, 30.
myxen (mixen), f., *dung-hill*: 14. 35.

N.

nā (nō), adv., *no, not* : 7. 13.
nabban (<ne habban) (W. III.), *not to have* : 1. 7.
nǣddre (nǣdre), f., *adder, serpent, viper* : 3. 7.
nǣdle, f., *needle* : 18. 25.
nǣfre, adv., *never* : 15. 29.
nāht, see nā-wiht.
nama, m., *name* : 1. 5.
nān (<ne ān), pron., adj., *none, no, not one* : 1. 7.
nǣnig, pron. adj., *no, no one, none* ; 23. 53.
nǣre, nǣron, see bēon.
nǣs, see bēon.
nāt, see nytan.
nā-wiht (nō-wiht, nāht, nōht), n., *not a whit, nought, nothing* : 3. 13.—Adv., *not, not at all, in no wise* : 4. 35.
ne, adv., *not* : 1. 13, 20.
nē, conj., *neither, nor* : 1. 15; 3. 14.
nēah (nēh, nēan), adv., *nearly, almost* : 5. 7 ; 8. 42 ; 9. 14, 28.
nēah (nēh), prep. (w. dat.), *near* : 19. 11.
nēah-ge-būr (nēh-, nēhhebūr), m., *neighbour* : 1. 58.
nēah-ge-bȳren (nēh-, nēhhebȳren), f., *neighbour* : 15. 9.
nēahsta (nēhsta), supl. of neah, adj., *nearest, next, last, neighbour* : 10. 27 ; 18. 5.
nēan, see nēah.
nearu, adj., *narrow, strait* : 13. 24.
nębb, n., *face* : 22. 64.
nēh, see nēah.
nēhhebūr, see nēah-ge-būr.
nēhhebȳren, see nēah-ge-bȳren.
nelle, see nyllan.
nęmnan (W. I.), *name, call* : 1. 13.

nēod (nēad, nīed, nȳd, nēd), f., *desire, need, necessity* : 11. 8 ; 14. 18.
nese, adv., *no, nay* : 1. 60.
nest, n., *nest, brood* : 9. 58 ; 13. 34.
nętt, n., *net* : 5. 2.
nīed-be-hēfe, adj., *necessary, needful* : 10. 42.
nigon, num., *nine* : 15. 4.
nigon-tēoða (nygon-), num., *nineteenth* : 14. 1. 1.
nigoða, num., *ninth* : 23. 44.
niht (neaht), f., *night* : 5. 5 ;
—nihtes, adv., *by night*, 2. 37.
niht-wæcce, f., *night-watch, vigil* : 2. 8.
niman (nyman), nōm (nam), nōmon (nāmon), numen (4), *take, receive, bear up, take away* : 4. 11 ; 5. 24 ; 6. 4, 29, 30, 44 ; 9. 23.
nis (nys), see bēon.
niþer (nyþer), adv., *down* : 4. 9, 23, 53.
niðerian (nyðerian) (W. II.), *bring low, humiliate* : 14. 11 ; 18. 14.
niðer-stige (nyðer-), m., *descent* : 19. 37.
nīwe (nȳwe, nēowe), adj., *new* . 5. 36.
nō, see nā.
norþ-dǣl, m., *northern quarter, the north* : 13. 29.
nū, adv., 1. *now* : 1. 18.—2. conj. adv., *now, therefore* : 14. 19 ; *for behold* (ecce enim), 6. 23 ; *behold* (ecce), 10. 19.
nȳdan (W. I.), *compel, force, urge* : 9. 42 ; 24. 29.
nygon, see nigon.
nyllan (<ne willan), wolde, *not to will or desire* : 2. 10.
nytan (<ne witan), nāt nyton, pret. nyste (nysse) (PP.), *not to know* : 2. 43.

nȳten, n., *cattle, beast* : 10. 34.
nytt (nyt), adj., *useful, profitable* : 14. 35 ; 17. 2.
nyþer, see niþer.

O.

of, adv., *off* : 22. 50.
of, prep. (w. dat., instr.), *of, from* (time, place, material), *concerning* : 1. 2, 4, 5, 15, 27, 52, 71 ; 2. 4, 37 ; *by, with* (means, agency, cause) : 6. 18 ; 10. 27 ; 12. 27 ; 22. 15.
ofer, prep. (w. acc.), *over, upon, toward* (motion, direction, rest) : 1. 65 ; 2. 8 ; 4. 9, 18 ; 7. 13 ; 10. 33 ; 15. 7 ; 19. 41 ; (degree) *above* : 3. 20 ; 6. 40 ; (superiority) 6. 35 ; 19. 17 ; (time) *after* : 5. 1. r ; 6. 36. r.
ofer-drincan, -dranc, -druncon, -druncen (3), *overdrink (oneself)* : 12. 45.
ofer-flōwan, -flēow, -flēowon, -flōwen (R.), *overflow* : 6. 38.
ofer-fyll, f., *overfulness, surfeit* : 21. 34.
ofer-gān, -ēode, -ēodon, -gān, *come upon, overtake, attack* : 7. 16.
ofer-ge-writ, n., *superscription* : 20. 24 ; 23. 38.
ofer-gytan, -geat, -gēaton, -gyten (5), *forget* : 12. 6.
ofer-helian (W. I., II.), *conceal, cover up* : 12. 2.
ofer-hogian (-hycgan, W. III.) (W. II.), *despise, contemn* : 10. 16 ; 23. 11.
ofer-mōd, adj., *proud, arrogant* : 1. 51.
ofer-sceadian (-sceadwian), (W. II.), *overshadow* : 1. 35 ; 9. 34.
ofer-winnan, -wann, -wunnon, -wunnen (3) : *overcome, conquer* : 11. 22.
ofer-wrēon, -wrāh (-wrēah), -wrigon (-wrugon), -wrigen (-wrogen) (1, 2), *cover* : 8. 16.
offrung, f., *offering, sacrifice* : 1. 9.
offrung-hlāf, m., *shewbread* : 6. 4.
of-slēan, -slōg (slōh), slōgon, slægen (slęgen, slagen) (6), *slay, kill* : 9. 22 ; 18. 20.
ofst (ofost), f., *haste, speed* : 1. 39.
of-þincean, see of-þyncean.
of-þriccednes (-þryccednes), f., *oppression, distress, trouble* : 21. 23.
of-þringan, -þrang, -þrungon, -þrungen (3), *throng, press upon* : 8. 42.
of-þryccean (W. I.); *oppress, cumber* : 13. 7.
of-þyncean (-þincean), -þūhte (W. I.), *cause regret or sorrow, repent* (w. dat. of pers.) : 17. 4.
olfend, m., *camel* : 18. 25.
on, prep. (w. dat., instr., or acc.), *on, at, during, in, into, among, upon, against, with, by* (time, place, circumstance, condition. hostility, purpose, agency) : 1. 1, 15, 29, 33, 55 ; 2. 34 ; 3. 14 ; 4. 2, 36 ; 5. 5 ; 7. 17 ; 11. 17 ; 16. 20 ; on dæg, adv., *a day*, 17. 4 ; on wucan, *a week*, 18. 12.
on-ǣlan (W. I.), *kindle, light* : 8. 16.
on-bæc, adv., *aback, backwards* : 9. 62.
on-bīdan, -bād, -bidon, -biden (1), *await, expect* (w. gen.) : 7. 19, 20.
on-būtan (-būton), see a-būton.

on-byrigean (-byrgan), (W. I.), *taste* (w. gen.): 14. 24.
on-cnāwan,-cnēow,-cnēowon, -cnāwen (R.), *know, recognize, understand*: 1. 4, 34.
on-drǣdan, -drēd (-dreord), -drēdon,-drǣden (R.), *dread, fear* (w. or without reflex. dat): 1. 13, 50; 5. 10; 9. 34.
on-fōn,-fēng,-fēngon,-fangen (R.), *take, receive*: 2. 26, 28.
on-gēṅ (on-gēan, a-gēṅ), prep. w. dat., or acc.), *against, opposite* (locality, hostility): 8. 26; 9. 50.
on-ginnan (-gynnan), -gann, -gunnon, -gunnen (3), *begin, attempt*: 1. 1.
on-gitan (-gytan), -geat (-get), -gēaton (-gēton),-giten (-gyten), (5), *perceive, understand*: 2. 50.
on-hiscean (-hyscean), (W. I.), *reproach, speak ill of*: 6. 22, 28.
on-līhtan (-lȳhtan), (W. I.), *enlighten, illuminate, give light*: 1. 79; 11. 36; *dawn (illucescebat)*, 23. 54.
on-middan, prep. (w. dat.), *amid, in the midst of*: 2. 46.
on-settan (W. I.), *place, lay*: 4. 40; 23. 26.
on-sundron, adv., *asunder, apart*: 9. 10.
on-tȳnan (W. I.), *open*: 2. 23; 12. 36.
on-þracian (-þracigan), (W. II.), *fear, dread, regard*: 18. 2, 4.
on-ufan, prep. adv. (w. dat.), *upon, on*: 11. 44; 19. 35.
on-wǣcnan (W. I.), *awake*: 9. 32.
on-wrēon, -wrāh (-wrēah),

-wrigon (-wrugon),-wrigen, (-wrogen) (1, 2), *uncover, reveal*: 17. 30.
open, adj., *open, manifest*: 8. 17.
openian (W. II), *open, disclose*: 1. 64; 3. 21.
oð, prep. (w. dat.), *until, to, up to*: 1. 20, 80; 2. 37; 10. 15; oð þæt, *until*, 9. 4.
ōðer, pron. adj., *other, another, second next, following*: 8 18; 5. 7; 9 37; 15. 11. r.
oððe, conj., *or*: oððe . . . oððe, *either . . . or*, 2. 24.
oxa, m., *ox*: 13. 15.

P.

palm sunnan-dæg, m., *Palm Sunday*: 19. 29. r.
palm-wicu (-wucu), f., *Palmweek, the week beginning with Palm Sunday*: 22. 1. r.
pening (penig, peneg), m., *penny*: 7. 41.
pentecosten, m.(?), *Pentecost, the fiftieth day after the Resurrection, Whitsuntide*: 4. 38 r.
plantian (W. II.), *plant*: 13. 6.
pluccian (W. II.), *pluck*: 6. 1.
predician (W. II.), *preach*: (*prædicans*) 8. 1.
pund, n., *pound*: (*mnas*) 19. 13.
purpure, f., *purple garment*: 16. 19
pytt, m., *pit*: 6. 39.

R.

rǣcean, rǣhte (W. I.), *reach, offer*: 11. 12.
racent-tēah (racentēah,-tēag), f., *chain, fetter*: 8. 29.

racu, f., *narrative, account*: 1. 1.
rǣdan, (reord) rǣdde (R., W. I.), *read, explain*: 4. 16; 6. 3.
rǣs, m., *rush*: 8. 33.
raðe, see hraðe.
rēafere, m., *robber*: 18. 11.
rēaf-lāc, n. m., *rapine, robbery*: 11. 39.
reccean, reahte (rehte), (W. I.), *tell, narrate, interpret*: 24. 17, 27.
rest, f., *rest*: 11. 24; *bed (cubile)*, 11. 7.
restan (W. I.), *rest, remain, rest oneself*: 10. 6.
reste-dæg, m., *day of rest, Sabbath-day*: 4. 16.
rīca, m., *ruler*: 3. 1.
rīce, n., 1. *kingdom, sovereignty, power*: 1. 33; 4. 5, 43.—2. *kingdom, region*: 2. 8; 3. 1.
rīce, adj., *powerful, mighty*: 1. 52.
rīclīce, adv., *splendidly, sumptuously*: *(splendide)* 16. 19.
rīcsian (rīxian) (W. II.), *rule, reign*: 1. 33.
riht, adj., 1. *right, straight*: 3. 4.—2. *right, just, proper, fitting*: 12. 57; 20. 22.
rihte, adv., *rightly*: 7. 43.
riht-wīs, adj., *righteous, just*: 1. 6, 17.
riht-wīsnes, f., *righteousness, ordinance*: (*justificationibus*) 1. 6.
rīnan (rignan), (W. I.), *rain*: 17. 29.
rip, n., *reaping, harvest*: 10. 2.
rīpan, rāp, ripon, ripen (1), *reap*: 12. 24.
rīxian, see rīcsian.
rōd, f., *rood, cross*: 23. 26.
rōwan, rēow, rēowon, rōwen (R.), *row, or sail*: 8. 23, 26.
rude, f., *rue*: (*rutam*) 11. 42.

rūm, m., *room, space*: 2. 7.
rȳman (W. I.), *make room, yield, give place*: 14. 9.
ryne, m., *flow, flux*: 8. 44.

S.

sǣ, m. f., *sea*: 8. 25.
sacc, m, *sack, bag*: 10. 4.
sācerd, m., *priest*: 1. 5.
sācerd-hād, m., *priesthood, priestly office*: 1. 8, 9.
sacu, f., *strife, sedition*: 23. 25.
sǣd, n., *seed*: 1. 55.
sǣ-ge-mǣre, n., *sea-coast*: 6. 17.
sāgol (pl. sāglas, sāhlas), m., *staff, club*: 22. 52.
sagu, f., *saying, speech*: 11. 45.
sāhlum, see sāgol.
sām-cwic (-cucu), adj., *half-alive, half-dead*: 10. 30.
samninga (samnunga), adv., *suddenly, immediately*: 22. 60.
samnung, f., *assembly, synagogue*: 7. 5.
sārgian (sārigan), (W. II.), *sorrow, lament*: 2. 48.
Sætern-dæg (sæter-), m., *Saturday*; 3. 1. r; 23. 54.
Sæternes-dæg, m., *Saturday*: 4. 38. r.
sāwan, sēow, sēowon, sāwen (R.), *sow*: 8. 5.
sāwol (sāwul, sāwel, sāwl), f., *soul, life*: 1. 46; 2. 35; 6. 9.
scead (sceadu, f.), n., *shadow*: 1. 79.
sceamian (W. I.), *shame, cause to be ashamed* (impers. w. acc. of pers.): 13. 17; 16. 3.
sceamu, f., *shame*: 14. 9.
scēap (scēp), n., *sheep*: 15. 4.
sceaða, m., *robber, thief*: 10. 30, 36.
scēawian (W. II.), *observe, consider, look around at*: 6. 10.

GLOSSARY. 149

sceoppa (scoppa), m., *shop, booth, treasury*: (*gazophylacium*) 21. 1.
scēo-þwang (scōh-), m., *thong or latchet of a shoe*: 3. 16.
scēp, see scēap.
scīnan, scān, scinon, scinen (1), *shine*: 9. 29.
scip (scyp), n., *ship*: 5. 2.
scīr, f., *office*: 16. 2.
scræf, n., *cave, den*: 19. 46.
scrȳdan (W. I.), *clothe*: 7. 25.
soūfan, scēaf, scufon, scofen (2), *shove, push*: 4. 29.
sculan, sceal, sculon, pret. sceolde (scolde) (PP.), *shall*, 1. *owe*: 7. 41; 16. 5, 7.—2. *belong, be obligatory, be appropriate*: 1. 26. r; 2. 1. r, 21. r—3. (auxiliary): 7. 19; 22. 37.
scyldig, adj., *guilty, deserving of* (w. gen.): 13. 4; 23. 22.
scylling (scilling), m., *shilling*: (*drachma*) 15. 8, 9.
scyp, see scip.
scyp (scip, scep), m., *patch*: 5. 36.
scȳte (scīte), f., *sheet, piece of linen cloth*: 23. 53.
sē, sēo, þæt, dem. pron., and def. art., *this, that* (*he, she, it*), *the*; rel. pron. w. or without the particle ðe, *who, which, that*.
sealf, f., *salve, ointment*: 7. 38, 46.
sealf-box, m. n., *box for ointment*: 7. 37.
sealm, m., *psalm*: 24. 44.
sealt, n., *salt*: 14. 34.
sealtian (W. II.), *dance*: (*saltastis*) 7. 32.
sēam, m., *load, burden*: 11. 46.
searu, f. n., *artifice, wile, treachery*: 20. 20.
sēcean, sōhte (W. I.), *seek, demand, require*: 2. 44, 45; 11. 50, 51.

sęcgan (W. III.), 1. *say, tell, proclaim*: 1. 45; 2. 17, 18.—2. *call, designate*: 1. 48; 18. 19.—3. *command*: 9. 54.
seglian (W. II.), *sail*: 8. 22.
sēlest, see sēlra.
self (seolf, silf, sylf), adj. pron., *self*: 4. 23.
sęllan (syllan), sealde (W. I.), *give, give up, deliver, sell, betray*: 1. 32, 73, 77; 12. 33; 18. 32; 22. 48; 24. 20.
sēlra, comp. adj., *better*: 12. 24; —Supl., sēlest (sēlost), *best, most excellent*: 1. 3.
sęncan (W. I.), *cause to sink, plunge, cast down*: (*demergeris*) 10. 15.
sęndan (W. I.), *send, put, cast*: 4. 18; 5. 37, 38; 21. 1.
senep, m., *mustard*: 13. 19; 17. 6.
sēo, see sē.
sēod, m., *money-bag, purse, pouch*: 12. 33; 22. 35, 36.
seofon (seofan), num., *seven*: 2. 36.
seofon-tēoða, num., *seventeenth*: 7. 11. 1.
sester (seoxter), m., *a measure*: (*cados*) 16. 6.
setl, n., *seat, throne*: 1. 32.
sęttan (W. I.), *set, place, establish, offer*: 1. 9, 66; 7. 8; 12. 14.
sēðan (W. I.), *declare true, affirm*: 22. 59.
seððan, see siððan.
sī (sȳ, sig), see bēon.
sibb (sib, sybb), f., *peace*: 2. 29.
sīcan (sȳcan), sīcte (sīhte), *suckle, give suck*: 23. 29.
sīe, sīen, see bēon.
sīn, sind, sindon, see bēon.
singan, sang, sungon, sungen (3), *sing*: 7. 32.
sint, see bēon.

sittan, sæt, sǣton, seten (5), *sit, sit down*: 1. 79; 2. 46; *sit at meat*. 7. 37; 11. 37.

sīð, m., I. *path*: 3. 4.—2. *time, occasion*: 17. 4; 23. 22.

sīððan(syððan),adv.,*since, afterwards*: 12. 5.

six (syx), num., *six*: 4. 25.

sixta (syxta), num, *sixth*: 1. 26.

six-tēoða (syx-), num., *sixteenth*: 17. 11. 1.

slǣp, m., *sleep*: 9. 32.

slǣpan (slāpan), slēp, slēpon, slǣpen (R.), *sleep*: 8 23.

slēan, slōg (slōh, slōgon, slǣgen (slęgen, slagen) (6), *strike, smite*: 3. 14; 6. 29.

slītan, slāt, sliton, sliten (1), *slit, tear, rend*: 5. 36; 9. 39.

smēagean (smēan) (W. I), 1. *consider, reflect, reason*: 2. 19; 11. 38; 24. 15.—2. *strive, seek (quærere)*: 9. 9; 19. 47.

smēðe, adj., *smooth*: 3. 5.

smyltnes, f., *calm*: 8. 24.

smyrwan (W. I.), *anoint*: 4. 18.

snaca, m., *snake, scorpion*: 10. 19.

snoru, f., *daughter-in-law*: 12. 53.

sōna, adv., *soon, forthwith*: 1. 64; sōna swā, *as soon as*, 1. 44.

sōð, n., *truth*; sōþes, *in truth, truly, indeed*, 1. 60.

sōþ-fæstnes, f., *truth*: 1. 4.

sōðlīce, 1. adv., *truly, indeed, verily*: (*in veritate*) 4. 25; (*Amen*) 7. 9; (*vere*) 9. 27.— 2 conj., *but, however, therefore, and*: (*vero*) 6. 8; (*autem*) 5. 5; 7. 30; 9. 58; 10. 40; (*ergo*) 3. 7; (*enim*) 4. 10; 6. 45; 7. 28, 33; (*nam*) 6. 32, 34; (*et*) 11. 1.

spǣtan (W. I.), *spit*: 18, 32.

spearwa, m., *sparrow*: 12. 6.

spēd, f., *speed, success, substance, property*: 8. 3; 15. 30.

spellian (W. I.), *talk, discourse*: 24. 15.

spinnan, spann, spunnon, spunnen (3), *spin*: 12. 27.

sprǣc (spǣc), *speech, saying, word*: 1. 2, 29.

sprecan (specan), sprǣc (spǣc); sprǣcon (spǣcon), sprecen (specen) (5), *speak*: 1. 19, 20.

springan, sprang, sprungon, sprungen (3), *spring*: 1. 78.

stæf, m., *letter, jot, little*: 16. 17; 23. 38; *writing, bill*, 16. 7.

stān, m., *stone, rock*: 3. 8.

standan, stōd, stōdon, standen (6), *stand*: 1. 11; 10. 40; 11. 53.

stefn (stemn), f., *voice*: 1. 42.

stelan, stæl, stǣlon, stolen (4), *steal*: 18. 20.

steorra, m., *star*: 21. 25.

stīgan, stāg (stāh), stigon, stigen (1), *ascend, descend, go, come*: 17. 31; 19. 4.

stīð, adj., *stern, severe*: 19. 21.

storm, m., *storm*: 12. 54.

stōw, f., *place*: 4. 37.

strang, adj., *strong*: 11. 21;— comp., stręngra, 11. 22.

strangnes (strangnys), f., *strength, violence*: strangnysse wyrcað (*vim facit*), 16. 16.

strǣt, f., *street*: 7. 32.

strȩccean, streahte (strȩhte) (W. I.), *stretch, spread*: 19. 36.

strȳnan (W. I.), *produce, gain, acquire treasure*: (*thesaurizat*) 12. 21.

stypel, m., *steeple, tower*: 13. 4.

styric, n., *calf*: 15. 23.

styrung, f., *stirring, agitation, quaking*: 21. 11.
sūcan, sēac, sucon, socen (2), *suck*: 11. 27.
sulh, f., *plough*: 9. 62.
sum, pron. adj., *some, certain, some one, certain one*: 1. 5.
sundor-hālga, m., *Pharisee*: 6. 2; 7. 30; (*publicani*) 7. 29.
Sunnan-dæg, m., *Sunday*: 2. 33. r.
sunne, f., *sun*: 4. 40.
sunu, m., *son*: 1. 13.
sūðan, adv., *from the south*: 12. 55.
sūð-dæl, m., *south part, the south*: 11. 31.
suwian (suwigan, swīgian) (W. III., II.), *be silent, be dumb*: 1. 20.
swā, adv. conj. (dem. and rel.), *so, as*: 1. 2, 55; swā swā, *as, just as*, 2. 23; *as if*, 6. 22; swā hwæt swā, *whatever*, 9. 10; 10. 35; swā hwylc swā, *whoever*, 7. 23; swā hwær swā, *wherever*, 17. 37; swā hwyder swā, *whithersoever*, 9. 57.
swāt, m., *sweat*: 22. 44.
swāt-līn, n., *handkerchief, napkin*: (*sudario*) 19. 20.
swefel (swefl), m., *sulphur, brimstone*: 17. 29.
swēg, m., *sound, noise, music*: (*symphoniam*) 15. 25; (*sonitus*) 21. 25.
sweger (swegr), f., *wife's mother, mother-in-law*: 4. 38.
swelgend, m., *glutton*: 7. 34.
sweltan, swealt, swulton, swolten (3), *die*: 20. 36.
sweltendlīc, adj., *like to die* (*moriturus*): 7. 2.
swencan (W. I.), *afflict*: 4. 38.
sweord (swurd, swyrd), n., *sword*: 2. 35.
sweostor, see swustor.

swerian (swerigean), swōr, swōron, swaren (sworen) (6), *swear*: 1. 73.
swīn (swȳn), n , *swine*: 8. 32.
swincan, swanc, swuncon, swuncen (3), *toil, labour*: 5. 5.
swingan, swang, swungon, swungen (3), *scourge, beat*: 18. 33; 20. 10.
swīð, adj., *strong, active*; comp., swīðra (swȳðra), *right* (*hand, side*): 23. 33.
swīðrian (W. II.), *grow strong, prevail*: 23. 23.
swūra (swēora), m., *neck*: 17. 2.
swurd, see sweord.
swustor (swuster, sweostor), *sister*: 10. 39.
swylce (swilce), adv. conj., *about, nearly*: (*quasi*) 1. 56; 8. 23; ēac swylce, *also* (*etiam*), 6. 5; *as* (*sicut*), 6. 40; (*ut*) 11. 44.
swȳðe (swīðe), adv., *very, much*: 7. 47; comp., swȳðor, 7. 42.
swȳðra, see swīð.
sybb, see sibb.
sylen, f., *gift, present*: 11. 13.
sylf, see self.
syllan, see sellan.
syltan (W. I.), *salt, season*: 14. 34.
sȳman (W. I.), *load, burden*: 11. 46.
symle (simle), adv., *always, continually*: 15. 31; 24. 53.
synd, syndon, see bēon.
syndrig, adj., *separate, single*: 2. 3; 4. 40.
syn-full (synn-), adj., *sinful*: 5. 8.
syngian (W.II.), *sin*: 15. 18, 21.
synn, f., *sin*: 1. 77.
synt, see bēon.
syrwan (W. I.), *plot, lay snares*: 11. 54.

syðð̵an, see siðð̵an.
syx, syxta, see six, sixta.
syx-tēoð̵a, see six-tēoð̵a.

T.

tācen (tācn), n., *token, sign, miracle*: 2. 12, 34; 11. 16.
tāl (tǣl), f., *calumny, false accusation*: 3. 14.
tala, adv, *well*: 6. 27.
tǣlan (W. I.), *mock, deride*: 8. 53.
tēar, m., *tear*: 7. 38.
tęllan, tealde (W. I.), *tell, account, reckon, number, compute*: 7. 7, 31; 12. 7; 14. 28.
tempel, n., *temple*: 1. 9.
tēon, tēah, tugon, togen (2), *draw, pull*: 5. 3, 11.
tēona, m., *reproach, insult*: 11. 45; 20. 11.
tēoð̵a, num., *tenth*: 11. 37. r.
tēoþian (W. II), *tithe*: 11. 42.
tēoþung (tēoþing), *tithe, tithing*: 18. 12.
teran, tær, tǣron, toren (4), *tear*: 9. 39.
ticcen, n., *kid*: 15. 29.
tīd, f., *hour, time, season*: 2. 38; 7. 21; 8. 27, 29.
tīgan (W. I.), *tie*: 19. 30.
tilia, m., *tiller, husbandman*: 20. 9, 10.
tilian (tiliġan) (W. II.), *till, effect, do*: 7. 4.
tima, m., *time, season*: 1. 10.
timbrian (timbran, W. I.) (W. II.), *build*: 6. 48.
tin-treg, n., *torment*: 16. 23, 28.
tintregian (W. II.), *torment, punish*: 10. 30.
tō, prep. (w. dat., instr.), *to, at, for* (time), place, indirect relation, purpose, condition): 1. 13, 16, 17, 18; tō þām, *to that* (*end*), 4. 43; tō dæġ. *to-day*, 2. 11; (price) 12. 6; (w. sēcean) 12. 48; (sign of gerund) 1. 72; — adv., *in addition, besides*: 10. 35.
tō-berstan, -bærst, -burston, -borsten (3), *burst asunder, break in pieces*: 8. 29.
tō-brecan, -bræc, -brǣcon. -brocen (4), *break in pieces*: 5. 6.
tō-cuman, -cōm, -cōmon, -cumen (-cymen) (4), *come*: 11. 2.
tō-cwȳsan (W. I.), *crush utterly*: 20. 18.
tō-cyme, m, *coming, advent*: 17. 26.
tō-dāl, n., *division*: 12. 51.
tō-dǣlan (W.I.), *divide, cut off, separate, disperse*: 1. 51; 11. 17, 18; 12. 46.
tō-foran, prep. (w. dat.), *before, above* (time, place, degree): 1. 17; 8. 28: 13. 2.
tō-gædere, adv., *together*; 9. 1.
tō-mearcian (W. II.), *enroll*: 2. 1.
tō-mearcodnes, f., *enrolment*: 2. 2.
tō-slītan, -slāt, -sliton, -sliten (1), *tear in pieces, rend*: 23.45.
tō-somne, adv., *together*: 15. 6.
tō-strēdan (-stregdan),strǣgd, strugdon, strogden (3), and (W. I.): 11. 23; *strew abroad, scatter*: 11. 23.
tōð̵, m., *tooth*: 13. 28.
tō-weard (-werd), adj., *toward, approaching*: 3. 7; 9. 44.
tō-weorpan(-wurpan),-wearp, -wurpon, -worpen (3), *overthrow, tear down, destroy*: 11. 17; 12. 18; 21. 6.
tō-worpennes, f., *destruction, desolation*: 21. 20.
tredan, træd, trǣdon, treden (5), *tread*: 10. 19; 12. 1.

GLOSSARY. 153

trēow, n., *tree*: 3. 9; (pl. trȳwu) 21. 29.

trūwian (trēowian) (W. II.), *trust*: 11. 22.

trymman (W. I.), *confirm, strengthen*: 22. 32.

tū, see twēgen.

tū (= þū): 22. 9.

tūn, m., *enclosure, homestead, town; country, field (villa)*: 8 34; 9. 12; 14. 18; 15. 15; 23. 26.

tunece, f., *tunic, coat*: 3. 11.

tunge, f., *tongue*: 1. 64.

tūn-ge-rēfa, m., *reeve of a township or of a manor*: (*vicillus*) 16. 8.

tūn-scīr, f., *office of a tūngerēfa*: (*villicatio*) 16. 2.

turtle, f., *turtle, turtle-dove*: 2. 24.

tūwa (twīwa), adv., *twice*: 18. 12.

twēgen, twā, twā (tū), num., *two*: 1. 6; 7. 41.

twelf, num., *twelve*: 6. 13.

twelfta, num., *twelfth*: 2. 33. r.

twelf-wintre, adj., *twelve years (winters) old*: 2. 42.

twēntig, num., *twenty*: 14. 31.

twīn, n., *fine linen*: (*bysso*) 16. 19.

twȳnian (twēonian) (W. II.), *perplex*: (impers. w. dat. of pers.) 9. 7.

twȳ-rǣdnes (twi-), f., *discord, sedition*: 21. 9; 23. 19.

tȳn, num., *ten*: 14. 31.

ð (þ).

þā, adv. conj. (dem. and rel.), *then, when*: 1. 8, 9, 11; ðā gȳt, *yet, still*, 8. 49.

þā, see sē.

þafian (W. II.), *consent to*: 11. 48.

þanc, m., *thanks*: 18. 11; 22. 17.

þancian (W. II.), *thank, give thanks*: 17. 16; 22. 19.

ðænne, see ðonne.

þanon (þanun, panone), adv., *thence*: 6. 35.

þār (þǣr), adv. (dem. and rel.), *there, where*: 2. 6; 4. 16, 31.

þǣslīc, adj., *worthy of, deserving*: (w. dat.) 23. 15.

þæt, see sē.

þæt, conj., *that, so that*: 1. 4, 9.

þe, conj., *or*: 20. 22.

þe, relative particle, *who, which, that*: 1. 1; ic・ðe, *who*, 1. 19; þū þe, *who*, 1. 45.

þē (þȳ), see sē.

þē, see ðū.

þēah (þēh), conj. adv., *though, yet, however*: 8. 43; *although, if*, 9. 25; þēah hwæðere, *yet, however, but*, 6. 24.

þearfa, m., *poor man*: 4. 18.

þecen, f., *thatch, roof*: (*tectum*) 7. 6; 17. 31.

þegen (þegn, þēn), m., *servant, minister*: 1. 2.

þegnian (þēnian) (W. II.), *serve*: (w. dat.) 4. 39.

þegnung (þēnung), f., *service, ministration*: 1. 23.

þēh, see þēah.

þencean, þōhte (W. I.), *think reflect*: 1. 29; 5. 22; *purpose, attempt* (*conari*), 1. 1.

þēod, f., *people, nation*: 3. 1; *Gentiles*, 2. 32; 18. 32.

ðēof, m., *thief*: 12. 33.

þēon, þāh (þēah), þigon (þugon), þigen (þogen, þungen) (1, 2), *grow, increase*: 2. 52.

ðēos, see ðēs.

þēow, m., *servant*: 2. 29.

þēowa, m., *servant*: 7. 2; 12. 46.

þēowian (þēowigan) (W. II.), *serve*: 1. 74.

GLOSSARY.

þerscan, þærsc, þurscon (þurhson), þorscen (3), *thresh, beat, strike*: 22. 64.

þēs, þēos, þis (þys), dem. pron., *this*: 1. 18.

þilc (þyllīc), indef. pron., *such*: 9 9.

þīn, see þū.

þīn, poss. pron., *thine, thy*: 1. 13.

þīnen, f., *maid-servant, handmaid*: 1. 38.

þing, n., *thing*: 1. 1, 20; *cause (causa)*, 8. 47.

þolian (þoligean) (W. II.), *suffer, endure*: 9. 22; 13. 2.

þonne (þænne), adv. conj. (dem. and rel.), *then, when*: 6. 26, 42; þonne gȳt, *as yet, even;* 1. 15; þonne ... þonne, *when ... then*, 5. 35; w. comp., *than*, 3. 13, 16.

þorn, m., *thorn*: 6. 44.

þrēagean (þrēan) (W. III.), *reprove, rebuke, chastise, torture*: 3. 19; 8. 24, 28; *straiten*: 12. 50.

þrī (þrīe, þrȳ), þrēo, num., *three*: 2. 46.

þridda (þrydda), num., *third*: 4. 38. r.

þringan, þrang, þrungon, þrungen (3), *throng*: 8. 45.

þrītig-wintre (þrittig-), adj., *thirty years (winters) old*: 3. 23.

þrīwa, adv., *thrice*: 22. 34.

þrym-setl, n., *seat of glory, throne*: 22. 30.

þū, second pers. pron., *thou*: 1. 3.

þunres-dæg, m., *Thursday*: 4. 38. r.

þurh, prep. (w. acc.), *through, by* (cause, manner, means, motion): 1. 70, 78; 4. 30.

þurh-faran, -fōr, -fōron, -faren (6), *go through, pierce*: 2. 35.

þurhsun, see þerscan.

þurh-wunian (W. II.), *remain, continue*: 1. 22; 11. 8.

þus, adv., *thus*: 1. 25; *yea, verily (ita)*, 12. 5.

þūsend, num., *thousand*: 9. 14.

þwēan, þwōg (þwōh), þwōgon, þwægen (þwęgen, þwogen) (6), *wash*: 7. 38, 44.

þweorh, adj., *crooked, perverse*: 3. 5; 9. 41.

þwure, þwuru, see þweorh.

þyder (þider), adv., *thither*: 12. 18.

þyncean, þūhte (W. I.), *seem, appear*: 10. 36.

þȳstro (þȳstru, þēostro), f. n., *darkness*: 1. 79.

þȳstre (þēostre), adj., *dark*: 11. 34.

U.

ufan (ufon, ufane, ufene), adv., *from above, above, on high*: 24. 49.

uferian (W. II.), *put off, delay*: 12. 45.

ufor (ufur), comp. adv., *higher*: 14. 10.

un-ā-cwęncedlīc, adj., *inextinguishable*: 3. 17.

un-berende, (ptc.) adj , *barren*: 1. 7, 36.

un-bindan, -band, -bundon, -bunden (3), *unbind, loose*: 13. 16.

un-clǣne, adj., *unclean*: 4. 33

un-cnyttan (W. I.), *unbind, untie*: 3. 16.

under, prep. (w. dat., or acc.), *under*: 3. 2; 4. 27.

under-delfan, -dealf, -dulfon, -dolfen (3), *dig under, dig or break through (perfodi)*: 12. 39.

under-pēodan (-þȳdan) (W. I.), *subject*: 2. 51.

GLOSSARY.

un-fealdan, -feold, -feoldon, -fealden (R.), *unfold, open*: 4. 17.
un-feor, adj. (adv.), *not far from, near* (w. dat.): 7. 6.
un-ge-lēaf-full (-lēafull), *unbelieving*: 1. 17.
un-ge-rȳde, adj., *rough*: (*aspera*) 3. 5.
un-ge-teorod (-ud), (pp.) adj., *unfailing*: 12. 33.
un-ge-trēowe, adj., *untrue, unfaithful*: 12. 46.
un-hǣlþ, f., *sickness, infirmity*: 5. 31.
un-hęlian (W. I., II.), *uncover, reveal*: 12. 2.
un-mihtelīc (-mihtlīc), *impossible*: 1. 37; 18. 27.
un-nytt, adj., *useless, unprofitable*: 17. 10.
un-riht-hǣman (W. I.), *commit adultery*: 16. 18.
un-riht-hǣmere, m., *fornicator, adulterer*: 18. 11.
un-riht-wīsnes, f., *unrighteousness, iniquity*: 11. 39.
un-riht-wyrhta, m., *worker of iniquity*: 13. 27.
un-rōt, adj., *sad*: 18. 24.
un-rōtnes, f., *sadness, sorrow*: 22. 45.
un-tīgan (W. I.), *untie*: 13. 15.
un-trēowsian (W. II.), *deceive, offend*: (*scandalizatus*) 7. 23.
un-trum, adj., *infirm, sick*: 4. 40.
un-trumnes, f., *infirmity, sickness*: 5. 15; 8. 2.
un-tȳmende, (ptc.) adj., *barren*: 23. 29.
un-tȳnan (W. I.), *open*: 11. 9, 10.
un-þanc-full, adj., *unthankful*: 6. 35.
un-wæterig, adj., *not watery, dry*: (*inaquosa*) 11. 24.

un-wīs-dōm, m., *unwisdom, folly*: 6. 11.
ūp (ŭpp), adv., *up*: 1. 52.
uppon (uppan), prep. (w. dat., or acc), *upon, on*: 5. 19.
ūre, see ic.
ūre, poss. pron., *our*: 1. 55.
ūt, adv., *out*: 4. 35; 9. 40, 42.
ūte, adv., *outside, without*: 1. 10.
ūtera (ȳtra), comp. adj., *outer*; supl. ȳtemest, *utmost, last*: 12. 59; 13. 30.
uton (utun, wuton), opt. 1. pl. of wītan, *go*; used with the inf. to introduce an imperative, or an adhortative clause, *let us*: 2. 15.

W.

wā, interj., *woe*: 6. 24, 25.
wæccan (cf wacian) (W. III.), *watch*: 12. 37.
wæcce, f., *watch, vigil*: 12. 38.
wacian (W. III., II.), *watch*: 2. 8; 12. 39; *spend the night* (*pernoctans*), 6. 12.
wǣdla, m, *poor man*: 15 14.
wǣdlian (wǣdligan) (W. II.), *beg*: 16. 3.
wǣfer-sȳn, f., *spectacle*: 23. 48.
wāh-ryft (-rift), *tapestry, veil*: 23. 45.
wamb, f., *stomach, belly*: 15. 16.
wana, adj., *wanting, lacking*: 18. 22; 22. 35.
wandian (W. II.), *waver, hesitate*: 20. 21.
wan-hāl, adj., *not hale, weak, maimed*: 14. 13, 21.
wǣpen, n., *weapon*: 11. 22.
wǣpned (= wǣpned-mann), m., *male*: (*masculinum*) 2. 23.
wǣr, adj., *ready, prepared*: (*parati*) 12. 40.
warnian (wearnian) (W. II.),

warn; *take heed, beware*: 8.
18; 11. 35; 17. 3.
wæs, wēre, wǣron, see bēon.
wascan (wahsan, waxan),
wōsc (wōhs, wōx), wōscon
(wōhson, wōxon), wascen
(waxen) (6), *wash*: 5. 2.
wæstm, m. (n.), 1. *fruit*: 1 42;
3. 8, 9.— 2. *growth, stature*:
(*statura*) 19. 3.
wǣta, m., *moisture*: 8. 6.
watel (watul), m, *wattle*; pl.
thatching, tiles: (*tegulas*) 5.
19.
wæter, n., *water*: 3 16.
wæter-būc, m., *water-bucket,
pitcher*: (*amphoram aquae*)
22. 10.
wæter-sēoc, adj., *dropsical*: 14.2.
wē, see ic.
wealdan, wēold, wēoldon,
wealden (R.), *wield, govern,
rule* (w. gen. or acc.): 22. 25.
weaxan (wexan), wōx (wēox),
wōxon (wēoxon), weaxen
(wexen) (6, or R.), *wax, grow,
increase*: 1. 80.
weax-bred (wex-), n., (*wax-covered*) *writing-tablet*: (*pugillarem*) 1. 63.
weddian (W. II.), *pledge, promise, covenant*: 22. 5.
weg, m., *way, high-way*: 1. 76;
14. 23.
wel, adv., *well*: 6. 9.
wela, m., *wealth, riches*: 8. 14;
16. 9.
welig (weleg), adj., *wealthy,
rich*: 12. 16.
wēnan (W. I.), *ween, fancy,
consider*: 1. 66; 2. 44.
wendan (W. I.), *wend, turn,
turn oneself, go*: 6. 29; 8. 37,
39.
wēnunga (wēninga), adv.,
perhaps, perchance: 14. 8.
wēofod, n., *altar*: 1. 11.
weorc, n., *work*: 24. 19.

weorpan, wearp, wurpon,
worpen (3), *throw, cast*:
19. 35; *lay* (*hands*) (*mittere
manus*), 20. 19.
weorðan (wurðan), wearð,
wurdon, worden (3), *become*
(pass. aux.), *happen, come to
pass, do, make, bring about*: 1.
8, 12, 23, 29, 44; 2. 1; 3. 2,
22; 6. 48; 8. 35; 9. 7, 34.
weorð-full (wurð-), adj., *honourable, honoured*: 14. 8.
weorðian (wurðian) (W. II.),
honour: 18. 20.
weorð-mynt (wurð-), f. m.,
honour: 14. 10.
wēpan, wēop, wēopon, wōpen
(R.), *weep*: 6. 21.
wer, m., *man, husband*: 1. 27;
2. 36.
wēr, m., *catch, draught*: 5. 9
(see note).
werod (wered), *host, multitude,
crowd*: 1. 10; 2. 13; *dancing
company* (*chorum*), 15. 25.
wesan, see bēon.
west-dǣl, m., *west quarter, the
west*: 12. 54.
wēste, adj., *waste, desert*: 4.
42.
wēsten, n. (m. f.), *desert,
wilderness*: 1. 80.
wex-bred, see weax-bred.
wīc, n. (m. f.), *wick, dwelling-place, camp, village; street,
lane*: (*vicos*) 14. 21.
wicu (wucu), f., *week*: 5. 17. r.
widuwe (wuduwe, wudewe),
f., *widow*: 2. 37.
wīf, n., *wife, woman*: 1. 5, 13;
7. 37, 39.
wīfian (W. II.), *take a wife,
marry*: 17. 27; 20. 34.
willa, m., *will, desire*: 2. 14.
willan (wyllan), wille, willað,
pret. wolde, *will, be willing,
wish, be about to* (aux.): 1. 62.
wīn, n., *wine*: 1. 15.

GLOSSARY.

wīn-berie(-berge), f., *wineberry, grape*: 6. 44.
wind, m., *wind*: 8. 24.
windig, adj., *windy*: 8. 23.
wīn-geard, m., *vineyard*: 13 6.
winter, m. (pl. also n.), *winter*; as a measure of time, the equivalent of *year*:
wīs, adj., *wise, prudent*: 10. 21.
wīs-dōm, m., *wisdom, learning*: 2. 40.
wist, f., *feast, dinner*: *(prandium)* 14. 12.
witan, wāt, witon, pret. wiste (wisse) (PP.), *know*: 1. 18.
wita, m., *wise man, councillor*: 22. 52.
wīte, n., *plague, punishment, torture*: 7. 21; 12. 47, 48.
wītega (wītga), m., *prophet*: 1. 70.
wītegian (W. II.), *prophesy*: 1. 67.
wītegystre (-gestre), f., *prophetess*: 2. 36.
witodlīce (witudlīce), conj. adv., *truly, indeed, for*: *(quidem)* 1. 1; *(etenim)* 1. 66; *(nam)* 9. 48; *(nam et)* 22. 59.
witnes, f., *witness, testimony*: 9. 5.
wītnian (W. II.), *punish, beat*: *(vapulabit)* 12. 47, 48.
wið, prep. (w. gen., dat., or acc.), *to, towards, against, near, by, beside, along, with*: *(ad)* 1. 19; *(juxta)* 2. 9; *(secus)* 5. 1, 2; 8. 5; *(cum)* 9. 30; 12. 13.
wið-æftan, adv., *from behind, behind*: 8.44;—prep. (w. acc.), *behind at*: *(retro secus)* 7. 38.
wið-cweðan, -cwæð, -cwǣdon, -cweden (5), *speak against, contradict, gainsay*: 2. 34; 21. 15.

wiðer-sacan, -sōc, -sōcon, -sacen (6), *blaspheme*: 12. 10.
wiðer-winna, m., *opponent, adversary*: 12. 58.
wið-sacan (cf. wiðer-) (6) *deny, renounce, forsake* (w. dat.): 12. 9; 14. 33.
wið-standan, -stōd, -stōdon, -standen (6), *withstand, resist*: 21. 15.
Wōdnes-dæg, m., *Wednesday*: 1. 26. r.
wōffung, f., *raving, madness, foolishness, blasphemy*: *(blasphemias)* 5. 21; *(deliramentum)* 24. 11.
wōp, m., *weeping, lamentation*: 13. 28.
word, n., *word*: 1. 4.
woruld (weoruld, world), f., *world; long period of time, age, eternity*: 1. 55.
woruld-wela (weoruld-), m., *worldly riches, 'mammon'*: 16. 11, 13.
wrǣclīce, adv., *abroad, away from home*: *(peregre)* 15. 13.
wracu, f., *vengeance, avenge*: *(faciet vindictam)* 18. 7.
wrecan, wræc, wrǣcon, wrecen (5), *avenge*: 18. 3, 5.
wrēgan (W. I.), *accuse*: 11. 54.
wrītan, wrāt, writon, writen (1), *write*: 1. 3.
wrīðan, wrāð, wriðon, wriðen (1), *bind, bind up*: 10. 34.
wrōht, m. f., *accusation, blame*: 1. 6.
wucu, see wicu.
wudewe, see widuwe.
wuldor, n., *glory, praise*: 2. 14.
wuldor-fullīce, adv., *gloriously*: 13. 17.
wuldrian (wuldrigan)(W. II.), *glorify*: 2. 20.
wulf, m., *wolf*: 10. 3.
wund, f., *wound, sore*: 16. 21.

wundian (W. II.), *wound*: 20. 12.
wundor, n., *wonder*: 4. 23.
wundrian (wundrigan) (W. II.), *wonder, be astonished at*: 1. 21, 63; 2. 18, 33, 47; 4. 22, 32.
wunian (wunigan) (W. II.), *dwell, remain, live, be*: 1. 56; 2. 36; 8. 38; 9. 4.
wurðan, see weorðan.
wurðian, see weorðian.
wyllan, see willan.
wynster (winster), adj., *left (hand, side)*: 23. 33.
wyrcan, worhte (W. I.), *work, do, perform, make, build, produce, effect*: 1. 72; 8. 8; 9. 25, 33; 11. 40; 12. 18; *manifest (fecit)*, 1. 51; ēastron wyrce (*pascha manducem*), 22. 11.
wyrgean (wyrgan) (W. I.), *curse*: 6. 28.
wyrhta, m., *wright, worker, labourer, builder*: 10. 2; 20. 17.
wyrm-cynn, n., *serpent-kind*: (*scorpionem*) 11. 12.
wyrp, m., *throw*: 22. 41.
wyrsa, see yfel.
wyrt, f., *wort, plant, herb*: 11. 42.
wyrt-ge-mang, n., *mixture of herbs, spice*: (*aromata*) 23. 56; 24. 1.
wyrt-truma (wyrtruma), m., *root*: 3. 9.
wyrt-tūn, m., *garden*: 13. 19.
wyrþe (weorþe), adj., *worthy* (w. gen., or dat.): 3. 16; 10. 7.

Y.

yfel, adj., *evil, bad*: 6. 22.— Comp., wyrsa: 11. 26.

yfel, n., *evil, wickedness*: 3. 19.
yfele, adv., *wrongly*: 6. 9.
ylca, see ilca.
yldest, yldra, see eald.
yldo (yldu, yld), f., *age, old age*: 1 36.
ymbe (ymb, embe), prep. (w. acc.), 1. *round, about* (place): 7. 17; 11. 54; prep. adv. (w. dat.) 12. 1.—2. *after* (time): 22. 58.—3. *about, concerning* (notional limitation, metaphor): 10. 41.
ymbe-hwyrft (ymb-), m., *circuit, orbit, world*: (*universus orbis*) 2. 1.
ymbe-hȳdig, adj., *anxious or solicitous about* (w. dat): 12. 22, 26.
ymbe-scīnan, -scăn, -scinon, -scinen (1), *shine round about* (w. dat.): 2. 9.
ymbren (<ymb-ryne, m., *revolution of time*), n. (?), *Ember*: *Ember-tide, i. e. the Wednesday, Friday, and Saturday (the Ember-days) of an Ember-week*: 1. 26. r; 7. 36. r; 8. 40. r; 9. 12. r; 13. 6. r.
ymb-snīþan, -snăþ, -snidon, -sniden (1), *circumcise*: 1. 59; 2. 21.
yrfe-weard, m., *heir*: 20. 14.
yrnan, arn, urnon, urnen (3), *run*: 8. 27; 1. 22.
yrre, n., *anger, wrath*: 3. 7.
yrðling (eorðling), m , *husbandman, farmer*: (*mercenarius*) 15. 17, 19.
ȳst, f., *storm*: 8. 25.
ȳtemest, see ūtera.
ȳð, f., *wave*: 21. 25.
ȳwan (W. I.), *show*: 20. 24.

THE END.

www.ingramcontent.com/pod-product-compliance
Lightning Source LLC
Chambersburg PA
CBHW070923180426
43192CB00037B/1733